Schwarzwald

Leo H. Strohm
Cornelia Franz

W0238191

Leo H. Strohm
geboren 1961 in Stuttgart, aufgewachsen in Nußdorf vor den Toren des Schwarzwaldes. Studium der ev. Theologie, seit 1989 als freiberuflicher Lektor, Autor und Übersetzer tätig.

Cornelia Franz
geboren 1956 in Hamburg, Studium der Germanistik und Amerikanistik, arbeitete mehrere Jahre als Verlagslektorin für Reiseführer, u. a. bei MERIAN. Seit 1993 ist sie als freie Autorin tätig. Sie schreibt Reiseführer, Jugend- und Kinderbücher.

Allein diese Aussicht lohnt schon fast eine Reise in den Schwarzwald: Blick vom 1414 Meter hohen Belchen. Am Horizont sind die Gipfel der Alpen zu erkennen.

Willkommen im Schwarzwald

Den Schwarzwald erleben

MERIAN-Tips

Sehenswerte Orte und Ausflugsziele

Routen und Touren

Wichtige Informationen

Karten und Pläne

Die Buchstaben-Zahlen-Kombinationen im Text verweisen auf die Planquadrate der Karten.

Eine Landschaft wie im Bilderbuch und Speisen wie Gott in Frankreich – kein Wunder, daß der Schwarzwald Deutschlands beliebtestes Mittelgebirge ist.

Höllental, Hexenloch, Toter Mann und Kalte Herberge – so mancherorts scheint der Schwarzwald seine Besucher nicht gerade herzlich willkommen zu heißen. Der **Svarzwald**, wie er 868 das erste Mal urkundlich genannt wurde, trägt seinen Namen durchaus zu Recht. Doch dunkle Wälder, in denen Erdmännli und Waldgeister hausen, blaue Hügelketten und wildromantische Schluchten, in die kaum einmal ein Sonnenstrahl dringt – das ist nur die eine Seite des Schwarzwalds.

Zum unverwechselbaren Bild des Mittelgebirges gehören genauso die hellen grünen Matten, die immer wieder das Tannengrün durchbrechen, und die kleinen Ortschaften mit ihren Weinfesten und Hocks, wie hier die Dorffeste genannt werden. Der Schwarzwald liegt am Rand der Oberrheinischen Tiefebene, und damit ist die Leichtigkeit und Lebensfreude eines alten Wein- und Kulturlandes garantiert. Am Morgen durch verschneite Täler wandern, am Nachmittag in blühenden Obstgärten den Frühling genießen und abends ein Viertele Spätburgunder schlotzen – der Schwarzwald macht's möglich.

Die Gegend um den Schluchsee gehört zu den meistbesuchten Regionen des Schwarzwalds.

Ein Blick auf die Landkarte

Im äußersten Südwesten Deutschlands, wo die Menschheit in »Badische« und »Unsymbadische« eingeteilt wird, erstreckt sich der Schwarzwald auf einer Länge von 160 und einer Breite von 30 bis 60 Kilometern. Zum Rhein hin, der die Grenze zu Frankreich und der Schweiz bildet, gehen Wald und Gebirge in die sanft geschwungenen Landschaften der **Ortenau**, des **Breisgau** und des **Markgräfler Landes** über. Hier, in der wärmsten Gegend Deutschlands, wo im milden Klima Wein, Obst und Spargel gedeihen, meint man fast schon jenseits der Alpen zu sein. Südliche Temperaturen, die die Nacht zum Tag werden lassen, Biergärten und Straßencafés sorgen für heitere Lebensart.

Im Osten schließt sich die rauhere **Schwäbische Alb** an. Doch so, wie die meisten Flüsse des Mittelgebirges dem Rhein zufließen, so schauen auch die meisten Bewohner des Schwarzwalds nach Westen. Wie ihre französischen und Schweizer Nachbarn sind sie Alemannen, davon zeugen der Dialekt, die so ganz eigene Fasnet, die hervorragende Küche und die gemächliche, aber lebensfrohe Art der Menschen.

Vor Millionen Jahren, bevor der Oberrheinische Graben entstand, waren die Vogesen und der Schwarzwald ein einziger Gebirgszug. Und auch historisch gesehen bildete der alemannische Raum lange eine Einheit.

Im milden Klima entlang des Oberrheingrabens gedeihen viele Obst- und Gemüsesorten.

Wenn Sie also nicht als ignoranter »Preiß« gelten wollen, verwechseln Sie die Schwarzwälder nur ja nicht mit den Schwaben (es sei denn, Sie befinden sich gerade in der nordöstlichen Ecke der Region).

Die schwarzen Wälder aufwärts ...

Doch verlassen wir die rheinisch geprägte Westflanke und dringen tiefer hinein in den Wald – vielleicht von Offenburg aus das schöne **Tal der Kinzig** hinauf oder von Freiburg aus durchs düstere **Höllental**.

»Die schwarzen Wälder aufwärts In das nackte böse Gestein Es wachsen schwarze Wälder bis In den kalten Himmel hinein.«

Im Hochschwarzwald findet man immer noch abgelegene Flecken, die dieser von **Bertolt Brecht** beschriebenen dunklen Welt gleichen. Hier wohnen die **Erdmännli** und **Waldwibli**, die Hexen und Mümmeln – nixenartige Wesen, die auf dem Grund des Mummelsees hausen. Früher mögen sie sich den Waldarbeitern, den Flößern, Köhlern, Glasbläsern und Uhrenträgern noch gezeigt haben, doch heute lassen sie sich nur einmal im Jahr blicken: Zur **Fasnetszeit,** die im Alemannischen herzlich wenig mit dem rheinischen Karneval zu tun hat, treiben sie ihr Unwesen auf den Dorfstraßen, bei Umzügen und Kneipentouren. Wenn sie mit grimmigen Masken, lauten Schellen oder brennenden Fackeln den Winter ausgetrieben haben, dann beginnt auch im tiefen Wald die mildere Jahreszeit.

Doch auch ein weitaus realeres Gespenst geht im Schwarzwald um: Das **Waldsterben** hat mittlerweile gut zwei Drittel des Schwarzwalds erfaßt. Vor allem in den höheren Lagen sind die Bäume durch Umweltgifte aus Auspüffen und Industrieschloten schwer geschädigt. Für den Laien werden diese Schäden erst dann sichtbar, wenn der Baum schon nicht mehr zu retten ist. So scheint der Wald bei flüchtigem Hinsehen gesünder, als er ist – was auch an der Rührigkeit der Forstverwalter liegt, die die kranken Bäume zügig schlagen und wegschaffen lassen.

Des Schwarzwalds größter Schatz: die Natur

Doch noch bietet der Schwarzwald all das, was einen erholsamen Urlaub möglich macht. Im Sommer laden rund 30 000 Kilometer Wanderwege, gesäumt von blühenden Wiesen, rauschenden Wildbächen und Wasserfällen, zu Streifzügen ein. Im Winter kann man den Wald auf Skiwanderwegen erkunden oder auch kleinere Abfahrten wagen. Und selbst ein nebliger Herbsttag wird zu einem Erlebnis, wenn man mit der Seilbahn auf den **Feldberg** oder den **Schauinsland** fährt und hoch über der Wolkendecke die Sonne genießt. An solchen Tagen reicht der Blick manchmal bis zu den schneebedeckten Alpen.

Das gesundheitsfördernde Reizklima hat etlichen Orten das Prädikat »heilklimatischer Kurort« verschafft. Nirgendwo in Deutschland gibt es eine größere Dichte an Kur- und Badeorten. Allerdings hat sich deren wirtschaftliche Lage mit der Gesundheitsreform zum Teil dramatisch verschlechtert. Die Krankenkassen verschreiben immer weniger Kuren, und die Gäste bleiben aus. Den Weg aus der Krise sehen die Fremdenverkehrsämter und Tourismusmanager im Konzept des Gesundheitsurlaubs: Schnupperkuren, Wellness-Wochen, Anti-Streß-Kurse und aktionsbetonte Freizeitangebote sollen den Schwarzwald auch für jüngere Menschen attraktiver machen.

Von Bollenhüten und Barockbauten

Neben seinen natürlichen Schätzen, darunter auch Gold und Uran, kann der Schwarzwald auch mit etlichen kulturellen Kleinoden dienen. Dazu gehören natürlich die kunstvoll geschnitzten **Kuckucksuhren**. Seit Ende des 17. Jahrhunderts lebt dieses für die Region so bedeutende Handwerk, und auch heute noch ist der Schwarzwald Deutschlands Uhrenproduktions-Zentrum Nummer eins, da man rechtzeitig auf Elektronik umgestellt hat. Der knallrote Bollenhut, den viele für schwarzwaldtypisch halten, ist dagegen nur noch auf wenigen Volksfesten oder aber im Museum zu sehen. Ohnehin wurde er früher nur im Gutachtal getragen – die roten Bollen signalisierten, daß das Mädel noch unverheiratet war. Nach der Hochzeit war Schluß mit der farbenfrohen Pracht – dann kamen dezente, schwarze Bollen auf den Hut.

Vielseitig ist das kulturelle Erbe der Region: Dazu zählen die realistisch-romantischen Gemälde des Bernauer Bauernsohnes **Hans Thoma** (1839–1924) ebenso wie die Erzählungen und Alltagsaufzeichnungen des beliebten Volksschriftstellers, Pfarrers und Politikers **Heinrich Hansjakob** (1837–1916), die alemannischen Gedichte **Johann Peter Hebels** (1760–1826) und die Kindheitserinnerungen des in Calw geborenen **Hermann Hesse** (1877–1962). Da sind die zahlreichen Zeugnisse früher Klostergründungen durch Benediktiner und Zisterzienser; da gibt es mittelalterliche Burgruinen wie das Alte Schloß bei Baden-Baden und gotische Mei-

Der alte, von Fachwerkhäusern geprägte Stadtkern von Schiltach steht unter Denkmalschutz.

sterwerke wie das Münster in Freiburg. Und natürlich die prächtigen Schwarzwaldhöfe mit der typischen Hocheinfahrt über eine Erdrampe oder Brücke. Im Freilichtmuseum Vogtsbauernhof (→ S. 86) sind solche Höfe von innen und außen zu besichtigen. Aber auch diejenigen, die mit offenen Augen durch die Landschaft fahren, werden etliche schöne Bauernhäuser entdecken.

Daß viele Orte barock geprägt sind, ist Ludwig XIV., dem französischen Sonnenkönig, zuzuschreiben. Seine Truppen machten 1698 im Pfälzischen Erbfolgekrieg zahlreiche Städte dem Erdboden gleich, so daß ab 1700 vor allem für die rheinnahen Orte ein barocker Neuanfang erfolgte. Auch wer österreichisches Kulturgut entdecken sollte, braucht sich nicht zu wundern. Über 400 Jahre, bis 1801/1805, herrschten in großen Teilen des Südschwarzwalds, im Breisgau und in der Ortenau die Habsburger. Sie haben auch auf kulinarischem Gebiet ihre Spuren hinterlassen.

Zufriedene Gäste – bis auf einen

Womit wir bei einem weiteren höchst erfreulichen Aspekt eines Schwarzwaldurlaubs gelandet sind: dem Essen und Trinken. Die Mischung aus alemannischer, schwäbischer, österreichischer und französischer Küche, die man auf den Speisekarten zwischen Pforzheim und Bad Säckingen antrifft, ist einfach umwerfend – da braucht es noch nicht einmal einen zu intensiven Genuß des ebenfalls hervorragenden badischen Weins. Wer sich's leisten kann, der kann hier in etlichen der besten Restaurants Deutschlands speisen. Aber auch die gemütlichen Gasthäuser am Wegesrand, die Weinstuben und Dorfschänken servieren meist Köstliches, und das nicht zu knapp. Und für die, die sich auch an einfachen Dingen mit Leib und Seele erfreuen können, gibt's im Herbst Weintrauben, neuen Wein und geröstete Eßkastanien. »'S Lebe freudig verbruche! Trübli esse, Neue trinke, Che-

Ein aussterbender Wirtschaftszweig: Schafzucht.

stene brote!« empfiehlt Johann Peter Hebel auf alemannisch.

Doch nicht immer gelingt es den Wirtsleuten, ihre Gäste zufriedenzustellen. Der junge **Ernest Hemingway**, der 1922 im Schwarzwald unterwegs war, beschwerte sich: »Das ›**Rössle**‹ ist das Lieblingssymbol der Schwarzwaldwirte. Alle diese Gasthäuser sind weiß getüncht und sehen von außen ordentlich und sauber aus, aber innen sind sie schmutzig, eins wie das andere. Die Bettlaken sind kurz, die Federbetten klumpig, die Matratzen hellrot, das Bier gut, der Wein schlecht ... Die Hühner scharren im Vorgarten, und der Misthaufen dampft unter den Schlafzimmerfenstern.«

Was Hemingway einst so erboste, erleben viele Besucher heute zum Glück ganz anders. Sie genießen ihren Urlaub auf dem Bauernhof. Die Schwarzwaldtouristik setzt nicht nur auf die Kurgäste. Gerade Familien und junge Leute finden ein reichhaltiges Angebot vor. Es reicht von Freizeitparks und Badelandschaften über Sommerrodelbahnen bis zu Klettergärten und Gleitschirmkursen. Und so sieht man neben Wanderern immer mehr Mountainbiker und Fun-Sportler die Schwarzwaldgipfel stürmen.

Aber das Schönste, was der Wald zu bieten hat, gibt's Gott sei Dank gratis. **Hermann Hesse** beschrieb es 1904 so: »Über der Wiese brütete die Wärme, hoch und gellend sangen die Grillen, und im Inneren des Wäldchens sangen tiefer und süßer die Vögel. Es war herrlich, in dieser einsamen Wirrnis von Düften und Tönen und Sonnenlichtern hingestreckt in den heißen Himmel zu blinzeln, oder rückwärts in die dunklen Bäume hineinzulauschen ...« An solchen Sommertagen ist der Schwarzwald wohl doch dem Himmelreich näher als dem Höllental.

LESETIP

Eine märchenhafte Reise in den Schwarzwald kann man mit Wilhelm Hauffs **Das kalte Herz** unternehmen – und gleichzeitig so manches über die traditionellen Gewerbe des Waldes lernen. In dem 1828 erschienenen Märchen läßt sich der arme Kohlenbrenner Peter Munk von einem Glasmännlein zu hochfliegenden Wünschen verleiten und tauscht schließlich einem Waldgeist sein Herz gegen Geld ein. Hauff, Wilhelm, Das kalte Herz. Ein Märchen. 1989.

Viel näher, als man glaubt, liegt der Schwarzwald im Südwesten Deutschlands – nur gut fünf Stunden dauert die Fahrt von Hamburg nach Offenburg im ICE.

Mit dem Auto Zwar führt – glücklicherweise – keine Autobahn durch den Schwarzwald, aber drei Fernstraßen verlaufen entlang seinen Rändern, so daß alle Ziele problemlos mit dem Auto zu erreichen sind: im Rheintal die A 5 (Frankfurt–Karlsruhe–Basel), im Norden die A 8 (Karlsruhe–Stuttgart) und im Osten die A 81 (Stuttgart–Singen). Auch die B 27 von Göttingen über Fulda, Würzburg, Heilbronn und Stuttgart führt am Ostrand des Schwarzwalds entlang bis hinunter zur Schweizer Grenze bei Schaffhausen.

Mit der Bahn Direktverbindungen mit Karlsruhe, Offenburg, Freiburg und Basel bietet der ICE (Hamburg–Hannover–Göttingen–Kassel–Frankfurt/Main–Mannheim) im Zweistundentakt und der ICE aus Berlin über Magdeburg und Göttingen, meist mit Umsteigen in Mannheim. Alle zwei Stunden verkehren auch IC-/EC-Züge (mit Umsteigen) aus Dresden, Leipzig, Erfurt, Berlin, Magdeburg, Braunschweig, Saarbrücken, München und dem Ruhrgebiet, die oft auch in Baden-Baden halten. Etliche in Nord- oder Ostdeutschland beginnende Inter-Regio-Züge durchqueren den Schwarzwald und dringen bis in seine zentralen Regionen vor. Außerdem fährt ein Autoreisezug von Hamburg, Hannover, Berlin, Düsseldorf und Köln aus staufrei bis Karlsruhe oder Lörrach.

Das »Schwarzwälder Urlaubspaket« Ein ganz besonderer Service wird Bahnreisenden geboten: Wer sich mindestens vier Wochen vor Urlaubsbeginn bei der Gemeinde seiner Wahl anmeldet, dem wird die Reiseorganisation vom dortigen Fremdenverkehrsamt abgenommen; die Reiseunterlagen (Fahrschein, Gepäckkarten, Informationsmaterial) sowie ein Präsentgutschein werden zugesandt. Viele Gastgeber übernehmen außerdem auch noch den Transfer vom Zielbahnhof bis zur Unterkunft.

Das Unterkunftsverzeichnis des Schwarzwald Tourismusverbandes weist zahlreiche Ortschaften aus, die sich an dieser nützlichen Serviceleistung beteiligen.

Schwarzwald Tourismusverband
Bertoldstr. 45
79098 Freiburg
Tel. 07 61/3 13 17
Fax 3 60 21

Die Vielfalt des schönen Mittelgebirges läßt sich kaum erfassen, wenn man den Urlaub nur auf einem Fleck verbringt – der Schwarzwald lädt zu Ausflügen ein!

Das Straßennetz im Schwarzwald ist sehr gut ausgebaut, und auch das Angebot an öffentlichen Verkehrsverbindungen ist beachtlich. Da die Kommunen sich mehr und mehr darüber klar werden, daß ein toter Wald keine Touristen anzieht, bemühen sie sich, durch ein vielfältiges Angebot an organisierten Rundfahrten und Wanderbussen den Individualverkehr einzudämmen. Wenn Sie dennoch mit dem eigenen Wagen unterwegs sind, setzen Sie Ihre Erwartungen an die stündliche Kilometerleistung nicht zu hoch an. Die Straßen sind oft eng und kurvig, und es gibt relativ viel Schwerlastverkehr. Parken kann man in den Innenstädten fast nur noch in Parkhäusern sowie auf Plätzen mit Münz- oder Parkscheinautomaten. So bietet es sich an, den Wagen außerhalb stehenzulassen und zu Fuß die sehenswerten Stadtkerne zu erkunden. In jeder größeren Stadt gibt es auch Auto- und Motorradvermietungen sowie Taxiunternehmen (→ Serviceteil der jeweiligen Hauptorte).

Entfernungen (in km) zwischen wichtigen Orten im Schwarzwald

	Bad Säckingen	Baden-Baden	Freiburg	Freudenstadt	Offenburg	Pforzheim	Rottweil	Titisee	Villingen-Schwenningen	Waldshut-Tiengen
Bad Säckingen	–	200	94	168	144	239	114	68	108	28
Baden-Baden	200	–	109	63	51	59	135	140	132	192
Freiburg	94	109	–	90	64	156	105	31	78	147
Freudenstadt	168	63	90	–	62	68	62	100	79	152
Offenburg	144	51	64	62	–	99	86	95	81	147
Pforzheim	239	59	156	68	99	–	123	187	137	213
Rottweil	114	135	105	62	86	123	–	57	18	86
Titisee	68	140	31	100	95	187	57	–	46	52
Villingen-Schwenningen	108	132	78	79	81	137	18	46	–	75
Waldshut-Tiengen	28	192	83	152	147	213	86	52	75	–

Bus und Bahn Ein besonderes Erlebnis ist sicher die Fahrt mit einer der Museumsbahnen (→ Routen und Touren, S. 105) oder auf der über 100 Jahre alten Schwarzwaldbahnstrecke von Offenburg nach Villingen, die für ihre zahlreichen Tunnels und Brücken bekannt ist. Sie ist eine der reizvollsten Bahnstrecken in Deutschland. Auch bieten die öffentlichen Verkehrsunternehmen eine Fülle von Ausflugsmöglichkeiten an, oft mit Familienermäßigungen oder Mehrtageskarten.

Beispielsweise den **7-Tage-SüdbadenBus-Paß**, der eine Woche lang zu Fahrten zwischen Basel und Konstanz sowie zwischen Bad Säckingen und Alpirsbach berechtigt (1 Pers. 38 DM, 2 Pers. 55 DM, Familie 68 DM), oder das **SBG-Freizeit-Ticket**, das samstags, sonntags und feiertags eine ganze Familie für 12 DM im selben Streckennetz befördert. Die SBG hält außerdem (auch in den Bussen) einen ausführlichen Fahrplan »Wandern mit dem SüdbadenBus« mit Streckenvorschlägen bereit. Für Urlauber, die mit der Bahn angereist sind, bietet die Deutsche Bahn **Ferien-Tickets** an. Damit kann man eine Woche lang sämtliche Bahn-, Bus- und Schiffsangebote der Deutschen Bahn in den Regionen Schwarzwald Nord, Mitte oder Süd nutzen. Kosten: für eine Person 40 DM, bis zu vier Mitfahrer zahlen je 20 DM, Kinder die Hälfte. Die Verlängerungswoche gibt es ebenfalls zum halben Preis. Nähere Informationen:

SBG SüdbadenBus GmbH
Am Busbahnhof
79098 Freiburg
Tel. 07 61/3 61 72, Fax 3 68 03 89

Karlsruher Verkehrsverbund
Postfach 11 40
76001 Karlsruhe
Tel. 07 21/6 10 70
Fax 61 07-50 09

Fahrräder Im Schwarzwald kommen alle Radler auf ihre Kosten. Zu Spazierfahrten laden die vielen Täler ein, durch die oft ausgebaute Radwege führen. Häufig kann man auch gut ausgeschilderten Radrundwanderwegen folgen. Bei der Planung längerer Radtouren sollte man die teilweise beachtlichen Steigungen berücksichtigen. Für Mountainbiker gibt es besondere Vorschriften (→ Sport und Freizeitaktivitäten, S. 28).

In über 70 Orten sowie vom 1. April bis 31. Oktober auch an etwa 35 Bahnhöfen kann man Fahrräder mieten (Preis pro Tag 10 DM, bei Anreise mit der Bahn 5 DM). Eine Liste der Leihstellen und -bahnhöfe inklusive Tourenvorschläge gibt's beim Schwarzwald Tourismusverband (→ Auskunft, S. 116).

Um Ihnen die Benutzung von öffentlichen Verkehrsmittel zu erleichtern, haben wir jedes Ausflugsziel mit einem Hinweis über die beste Verkehrsverbindung vom jeweiligen Hauptort aus versehen.

Die Triberger Wasserfälle sind die höchsten Deutschlands.

Ob exklusive Luxussuite, ob Gästezimmer auf dem Bauernhof oder Ferienwohnung, der Schwarzwald hat seinen Besuchern all dies und noch mehr zu bieten.

Gastfreundschaft hat eine lange Tradition in Deutschlands beliebtestem Feriengebirge. Daher ist das Angebot an Übernachtungsmöglichkeiten auch reichlich, zumal die Saison hier das ganze Jahr über dauert. Der Schwerpunkt liegt dabei eindeutig auf familienfreundlichen Angeboten, für die Unterhaltung mit Kindern ist gesorgt (→ Mit Kindern unterwegs, S. 24), und auch Haustiere sind fast überall willkommen.

Wenn Sie etwas länger in einer Region bleiben wollen, lohnt es sich, die Kataloge nach Pauschalangeboten und Sonderleistungen einzelner Gemeinden zu durchforsten oder gegebenenfalls nachzufragen. Für Bauernhöfe und Ferienwohnungen ist auf jeden Fall eine Voranmeldung nötig.

Wer auf einer Tour unterwegs übernachten will, hat bei zahlreichen Hotels, Pensionen und Privatunterkünften dennoch gute Chancen, sich unangemeldet in weiche Decken kuscheln zu können.

Tips von TIBS Eine Hilfe bei der Buchung bieten die Fremdenverkehrsgemeinden mit dem TIBS (Touristischer Informations- und Buchungsservice). Hier können Sie, nachdem Sie sich für eine oder mehrere mögliche Unterkünfte aus einem Katalog entschieden haben, bequem bei einer zentralen Vermittlungsstelle oder beim örtlichen Fremdenverkehrsbüro buchen.

Information und Kataloge sind bei den Fremdenverkehrsverbänden erhältlich (→ Auskunft, S. 116).

Das Parkhotel in Triberg (→ S. 98) ist seit 1707 ein Familienbetrieb.

Jugendherbergen In rund 30 Orten stehen Jugendherbergen zur Verfügung: Alpirsbach, Baden-Baden, Bad Herrenalb, Bonndorf, Breisach, Calw, Dornstetten, Feldberg, Forbach, Freiburg, Freudenstadt, Horb, Kandern, Karlsruhe, Kehl, Lörrach, Ortenberg, Ottenhöfen, Pforzheim, Rottweil, Schluchsee, Schluchsee-Seebrugg, St. Blasien, Stühlingen, Titisee-Neustadt, Todtnau, Triberg, Villingen, Wieden.

Generell gilt: Wer übernachten will, muß Mitglied sein. Beitrittsformulare und ein Verzeichnis der Häuser gibt es in jeder Jugendherberge und bei folgender Institution:

Deutsches Jugendherbergswerk
Landesverband Baden
Weinweg 43
76137 Karlsruhe
Tel. 07 21/96 21 00
Fax 61 34 70

Urlaub auf dem Bauernhof Wer seinen Urlaub naturnah und familienfreundlich auf einem Bauernhof verbringen möchte, bekommt einen Katalog beim:

Verein zur Förderung des Urlaubs auf dem Bauernhof
Friedrichstr. 41
79098 Freiburg
Tel. 07 61/2 71 33 90
Fax 28 77 75

Hotels sind bei den einzelnen Orten im Kapitel »Sehenswerte Orte und Ausflugsziele« beschrieben.

Preisklassen

Die Preise gelten für eine Übernachtung im Doppelzimmer für zwei Personen inklusive Frühstück.
Luxusklasse ab 240 DM
Obere Preisklasse ab 150 DM
Mittlere Preisklasse ab 80 DM
Untere Preisklasse bis 80 DM

MERIAN-TIP

Das **Schloßhotel Bühlerhöhe,** 650 Meter oberhalb Baden-Badens gelegen, ist ein Haus der Superlative. In den zwanziger Jahren erbaut, gelangte das Schloß 1986 in den Besitz des Industriellen Max Grundig. Er investierte 180 Millionen DM, um aus der Ruine eines der nobelsten Hotels Deutschlands zu machen. 250 Mitarbeiter sorgen für höchstens 240 Gäste. Fitneßcenter, Schönheitsfarm, hauseigene Limousine, Hubschrauberlandeplatz und eine herausragende Küche vervollständigen den Luxus. Schwarzwaldhochstr. 1, 77815 Bühl, Tel. 0 72 26/550, Fax 5 57 77, 90 Zimmer und Suiten, Luxusklasse (AE, DC, EC, Visa) ■ D 3

Der Ruf des Schwarzwalds als Schlemmerparadies reicht weit zurück: Gleich zwei Restaurants wollen als »Ältestes Gasthaus Deutschlands« gelten.

Seit langer Zeit streiten sich der »Bären« in Freiburg und der »Löwen« in Seelbach-Schönberg um diesen Titel und sind sich nur in einem einig: Dem »Riesen« im fränkischen Miltenberg gebührt er keinesfalls. Doch nicht nur die lange Tradition ist bemerkenswert: Im Schwarzwald und dem angrenzenden Rheintal haben sich kulinarische Einflüsse aus Baden, Schwaben, der Schweiz und dem Elsaß zu einer einzigartigen Kochkultur vereinigt. Und das muß noch nicht einmal heißen, daß der Genuß mit einem leeren Geldbeutel bestraft wird. Denn zum einen stimmt bei den hochdekorierten Gourmettempeln in aller Regel das Preis-Leistungs-Verhältnis, zum anderen kann man im gesamten Schwarzwald für wenig Geld sehr gut speisen. Fast alle Gasthöfe (leicht erkennbare »Touristenfallen« in den Fremdenverkehrs-Hochburgen ausgenommen) haben einen hohen Anspruch an die Qualität ihrer Küche, so daß Sie unbesorgt auch ohne die Empfehlung aus einem Gourmetführer essen gehen können. Wenn Sie dann noch ein Haus mit eigener Metzgerei wählen, können Sie darauf zählen, frischeste Ware serviert zu bekommen.

Gepflegt speisen – auch dafür ist der Schwarzwald bekannt.

Das Vesper Diese kalte Zwischenmahlzeit sollten Sie auf keinen Fall mit **der** Vesper, also dem Abendgottesdienst, verwechseln. Dort mag es geistliche Nahrung geben, wenn Ihnen aber der Sinn nach leiblichen Genüssen steht, so sind Sie mit einer Vesperplatte besser bedient. Sie besteht meist aus einer Scheibe Schwarzwälder Schinken oder Speck, der in dünne Streifen geschnitten wird, dazu ein Stück hausgemachte Wurst, kräftiges Bauernbrot und ein Gläschen Kirschwasser. Ursprünglich war das Vesper eine Stärkung am Nachmittag zwischen vollbrachtem Tagwerk und dem Feierabend. Heute kann man den ganzen Tag über vespern – zumindest, wenn man im Urlaub ist.

Regionale Spezialitäten Der **Schwarzwälder Schinken** wurde so oft kopiert, daß er mittlerweile europaweiten Herkunftsschutz genießt, erkennbar an einem einheitlichen Gütesiegel. Er erhält seinen typischen Geschmack in einer aufwendigen Prozedur. Der rohe Schinken wird erst mehrere Wochen lang in Salz eingelegt und danach bis zu acht Monate über Tannennadeln geräuchert. So wird seine Oberfläche schwarz und fest.

Auch eine **Schlachtplatte** bzw. **Metzelsupp'**, also Leberwurst, Blutwurst und Kesselfleisch mit Sauerkraut und Meerrettich, ist zu empfehlen. Weitere ländlich-deftige Genüsse sind das **Schäufele**, eine geräucherte Schweineschulter, mit Sauerkraut und Schupfnudeln und das **Suuressen**, das aus saurer Leber, Nieren oder anderen Innereien besteht. Und wo es andernorts Nudeln als Beilage gibt, werden im Schwarzwald gerne **Spätzle** oder aber deren allemannisches Pendant, die etwas rundlicheren **Knöpfle**, serviert. Und nicht selten werden die leckeren Teigwürmer noch von der Oma handgeschabt.

Der Wald versorgt seine Bewohner und Besucher auch immer noch mit **Wild**. Je nach Saison werden hier Hase, Reh, Hirsch und Wildschwein angeboten, für ein paar Mark mehr auch Wildenten, Rebhühner und Schnepfen. In vielen Schwarzwaldgemeinden werden **Forellen** gezüchtet, so daß dieser Süßwasserfisch immer frisch auf den Tisch kommt. Und auch in den Nebenarmen des Rheins kann man wieder fischen: **Aal, Zander** oder **Hecht** erweisen sich, ob geräuchert, gekocht oder gebraten, als Delikatesse.

Beliebt ist das **badische Schneckensüpple** ebenso wie der **Spargel**, der in der Rheinebene angebaut wird.

Kein Kapitel über Essen und Trinken im Schwarzwald wäre jedoch komplett ohne die zweifellos berühmteste Leckerei der Gegend, die **Schwarzwälder Kirschtorte**. Die Kalorienbombe aus Teig, Sahne, Zucker, Sauerkirschen und Schokolade, veredelt mit einem kräftigen Schuß Kirschwasser, darf daher auch in keiner Konditorei fehlen.

Flüssige Genüsse Der Schwarzwald liefert nicht nur das Brauwasser für das Alpirsbacher Klosterbräu, das Fürstenberg Pilsener und andere in ganz Deutschland bekannte Biere. Viele Bauern verwerten den Ertrag ihrer Apfel- oder Birnbaumwiesen zur Herstellung von **Most.** Er dient als Alltagsgetränk und kann gelegentlich auch in Dorfgasthöfen bestellt werden. Auch die Obstschnäpse, die in unzähligen Privatbrennereien im ganzen Schwarzwald hergestellt werden, sind über die Grenzen des Schwarzwalds hinaus bekannt – besonders das **Chriesewässerle,** das Kirschwasser, das am besten aus wilden Kirschen gebrannt wird. Oberkirch (→ S. 46) mit seiner »Schwarzwälder Schnapsakademie« gilt gar als Schnapshauptstadt Deutschlands.

Aber der Schwarzwald mit seinen vielen steilen Abhängen hin zum warmen Oberrheingraben ist natürlich auch ein **Weinland.** Ein so bedeutendes, daß die Europäische Union die badischen Anbaugebiete zur »Anbauzone B« zählt. An die hier produzierten Weine werden höhere Qualitätsmaßstäbe angelegt als beispielsweise an Mosel- oder Rheinweine.

Man unterscheidet vier Anbaugebiete: die **Ortenau** zwischen Baden-Baden und Offenburg, den **Breisgau** zwischen Lahr und Freiburg, den **Kaiserstuhl** nordwestlich von Freiburg und das **Markgräflerland** zwischen Freiburg und Basel.

Weiß, Rosé und Rot Unter den Weißweinen ist der **Clevner** ein kräftiger Traminer aus der Ortenau, der **Federweiße** ein junger Wein, der noch Kohlensäure und Hefe enthält und im Herbst zu Zwiebelkuchen serviert wird. Der **Gutedel,** frisch und leicht, zeichnet sich durch einen geringen Säuregehalt aus und wächst nur im Markgräflerland.

MERIAN-TIP

Es gibt nichts Schöneres, als nach einer Wanderung einen Hof zu entdecken, wo gut sichtbar ein Blumenstrauß oder ein Besen aufgehängt ist. Dies ist das Zeichen für eine **Straußenwirtschaft**: Bis zu vier Monate im Jahr, in der Regel im Spätsommer oder Herbst, dürfen die Winzer, ob in der Scheune, in der Garage oder im Wohnzimmer, ihren eigenen Wein ausschenken. Dazu bekommt man oftmals deftige Speisen, ebenfalls aus hauseigener Produktion, alles sehr preiswert und gut. Einen Straußenführer mit Adressenangaben bekommt man häufig vor Ort für ca. 3 DM im Buchhandel und kostenlos auch bei einigen Banken.

Der **Riesling**, der spritzige »König der Weißweine«, reift sehr spät und wächst daher nur in klimatisch günstigen Lagen. Den Riesling in der Ortenau nennt man **Klingenberger**. Mild und säurearm ist der **Müller-Thurgau**, der aus einer Kreuzung von Riesling und Silvaner entstanden ist. Der **Ruländer**, auch Grauburgunder genannt, ist sehr gehaltvoll und süffig und wächst hauptsächlich am Kaiserstuhl. Der **Traminer** bzw. **Gewürztraminer**, eine spätreife Rebe mit starkem Bukett und wenig Säure, wird vorwiegend im Markgräflerland und der Ortenau angebaut. Der **Spätburgunder** ist ein trokkener oder fruchtiger Rotwein, der einen vollen Geschmack hat und vor allem in der Ortenau und am Kaiserstuhl zu finden ist. Der **Spätburgunder Weißherbst** schließlich wird aus einer vom Pinot Noir abstammenden blauen Spätburgundertraube, die wie eine Weißweintraube behandelt wird, gewonnen, d. h., der Wein wird vor Beginn der Gärung von der Maische getrennt und behält so seinen Rotschimmer.

Wenn Sie ein paar Flaschen mit nach Hause nehmen wollen, wenden Sie sich am besten an ein Weingut oder eine Winzergenossenschaft in der Nähe Ihres Urlaubsortes (→ S. 123). Eine Gratisprobe zur Förderung der Verhandlungen ist meist inklusive.

Preisklassen

Die Preise beziehen sich jeweils auf ein Menü ohne Getränke und Trinkgeld.
Luxusklasse ab 90 DM
Obere Preisklasse ab 60 DM
Mittlere Preisklasse ab 30 DM
Untere Preisklasse bis 30 DM

Eine reichhaltige »Zwischenmahlzeit« stellt das Vesper dar, bei dem der Schwarzwälder Schinken nicht fehlen darf.

Glasbläserei und Holzschnitzkunst – das traditionelle Schwarzwälder Handwerk sorgt auch heute noch für kunstvolle und originelle Mitbringsel für jeden Geschmack.

Natürlich gibt es – vor allem in den großen Städten – auch exklusive Boutiquen und Kaufhäuser, aber in dieser Hinsicht kann es der Schwarzwald sicher nicht mit den Metropolen aufnehmen. Und das hat er auch nicht nötig. Denn die heimischen Produkte, seien es **Trachten**, **Holzschnitzarbeiten** oder »live« geblasene **Glasvasen** und **Glasfiguren**, haben ihren eigenen Charakter und sind damit würdige Botschafter ihrer Herkunftsorte.

Allerdings sollten Sie sich in touristischen Hochburgen vorsehen. Das Schwarzwaldmädel hat unter Umständen schon eine lange Reise aus Hongkong hinter sich, und eine besonders originelle Kuckucksuhr könnte auch von flinken Händen in Taiwan zusammengesetzt worden sein. Zum Schmuckkauf oder um einem Edelsteinschleifer über die Schulter zu schauen, empfiehlt sich ein Ausflug in die **Goldstadt Pforzheim**.

Schwarzwälder Uhren Bereits seit dem 17. Jahrhundert werden im Schwarzwald geschnitzte Kuckucksuhren mit viel Liebe fürs Detail hergestellt. Vor allem entlang der **Deutschen Uhren-**

Nicht nur Kuckucksuhren fertigt die traditionsreiche, bis heute produktionsstarke Schwarzwälder Uhrenindustrie.

straße zwischen Freiburg und Villingen findet man eine ganze Reihe von Firmen, die ihre Produkte direkt verkaufen.

Wer ganz sichergehen will, achtet beim Uhrenkauf auf den Stempel des »Fördervereins Kuckucksuhr«. Auch der »Landesverband der Kunst- und Antiquitätenhändler in Baden-Württemberg« vergibt an seriöse Läden, die aber entsprechend teuer sind, ein Gütezeichen.

Nähere Informationen erhalten Sie im

Verkehrsamt
Bahnhof Schwenningen
Stichwort Deutsche Uhrenstraße
78054 Villingen-Schwenningen
Tel. 0 77 20/82 12 09
Fax 82 12 07

Verkauf direkt vom Erzeuger Vor allem im Sommerhalbjahr trifft man an vielen Landstraßen auf Stände, wo Obst, Honig oder andere landwirtschaftliche Produkte direkt vom Erzeuger angeboten werden. Hier stimmt in aller Regel das Preis-Leistungs-Verhältnis, und die Waren sind sehr frisch. Das gilt auch für den Direktverkauf von Schnaps, Schinkenspeck und anderen Erzeugnissen, auf den viele Bauernhöfe am Wegesrand oft nur mit einem Pappschild aufmerksam machen. Hier erhalten Sie nicht nur Produkte von sehr guter Qualität, sondern erfahren vielleicht auch ein wenig über den Alltag der Schwarzwaldbauern.

Öffnungszeiten Einzig in touristischen Hochburgen haben manche Läden auch sonntags geöffnet. Sonst unterscheiden sich die Öffnungszeiten nicht von denen im restlichen Bundesgebiet. Rechnen Sie aber vorläufig nur in den großen Städten mit längeren Ladenöffnungszeiten. Ansonsten werden die Geschäfte um 18, spätestens um 18.30 Uhr geschlossen.

MERIAN-TIP

Der schönste Markt des Schwarzwalds findet rund um das Münster in Freiburg statt. Blumen, Obst und Gemüse von Bauern aus dem Umland bilden besonders im Sommer eine wahre Augenweide. Südlich des Münsters zeigt sich der Markt von seiner »exotischen« Seite: Hier findet man Oliven und Antipasti ebenso wie Töpferwaren und Holzspielzeug. Mo–Sa bis ca. 13 Uhr ■ B 7/B 8

Viel Natur, Urlaub fern der Großstadthektik – kein Wunder, daß es im Schwarzwald besonders viele familienfreundliche Touristenorte gibt. Hier fühlen sich nicht nur »Große« wohl.

»Die familienfreundlichen Zwölf« sind zwölf baden-württembergische Urlaubsorte, die sich besonders engagiert um das Wohl ihrer kleinen Gäste kümmern. Neun dieser in Bundes- und Landeswettbewerben ausgezeichneten Orte liegen im Schwarzwald: **Baiersbronn**, **Feldberg**, **Grafenhausen**, **Lenzkirch**, **Lossburg**, **Schluchsee**, **Schönwald**, **Seebach** und **Unterkirnach**. Sie bieten besonders kinderfreundliche Unterkünfte, Preisermäßigungen für Familien und Aktivitäten, die sich sowohl an die ganze Familie als auch an Kinder unterschiedlicher Altersgruppen wenden. Eine Broschüre der »Familienfreundlichen Zwölf« sowie weiteres Material mit Adressen von kinderfreundlichen Ferienwohnungen und -häusern kann beim Schwarzwald Tourismusverband (→ Auskunft, S. 116) angefordert werden. Zufriedene Kinder bedeuten meist auch zufriedene Eltern, und solche kommen gerne wieder. Daher bieten zahlreiche Schwarzwaldgemeinden von Alpirsbach bis Wolfach umfangreiche eigene Kinderferienprogramme an. Nähere Informationen erhalten Sie bei den jeweiligen Fremdenverkehrsämtern.

Aktivurlaub auch für Kinder: Reiterferien auf dem Bauernhof.

Abenteuerspielplätze
Hier können Kinder sich und ihrer Kreativität freien Lauf lassen. Es gibt sie z. B. in Elzach, Gernsbach, Neuweiler, Schömberg, Schopfheim und Zell im Wiesental.

Bergwildpark Steinwasen ■ C 8
Das 40 ha große Gelände veranschaulicht die ganze Vielfalt einer Mittelgebirgslandschaft und lockt zusätzlich mit zwei ca. 800 m langen Sommerrodelbahnen.
Zwischen Oberried und Notschrei, südlich von Freiburg
Im Sommerhalbjahr tgl. 9–18, im Winterhalbjahr 10–17 Uhr
Eintritt Erwachsene 5,50 DM, Kinder 4 DM, Rodelbahn extra

Museumsbahnen
→ Routen und Touren, S. 105

Schwarzwald Park ■ D 8
Viel Platz zum Wandern und zur Wildbeobachtung – darunter Braun- und Kragenbären sowie Berberaffen. Dazu gibt es viele Attraktionen wie die Sommerrodelbahn, eine Floßfahrt, den großen Abenteuerspielplatz oder die Falknerei.
In Löffingen, zwischen Freiburg und Donaueschingen an der B 31
Ostern–Anfang Nov. tgl. 9–18 Uhr
Eintritt Erwachsene 8, Kinder 4 DM

Seewald Sommerrodelbahn ■ E 3
Die 1,5 km lange, rasante Abfahrt begeistert auch Erwachsene.
75337 Enzklösterle-Poppeltal
Im Sommerhalbjahr tgl. 10–18.30 Uhr, bei gutem Wetter gelegentlich auch länger

Tiergehege
Eine Liste der über 50 Tiergehege und Streichelzoos im Schwarzwald mit Adressen und Kurzbeschreibungen ist beim Fremdenverkehrsverband Schwarzwald erhältlich.

Vogelpark Wiesental ■ B 10
Auf 100 000 qm Parkfläche sind etwa 300 verschiedene Vogelarten zu beobachten; dazu großer Kinderspielplatz und Grillplätze.
79585 Steinen-Hofen
15. März–31. Okt. tgl. 9–18 Uhr, Juli/Aug. länger geöffnet
Eintritt Erwachsene 12 DM, Kinder 6 DM

MERIAN-TIP

Europa-Park Rust Die mit viel Liebe zum Detail gestaltete europäische Miniaturlandschaft, Deutschlands größter Familien- und Freizeitpark, lockt mit über 50 verschiedenen Angeboten: diverse Achterbahnen und Karussells, Wildwasserfahrt, Panoramakino, Eisshow und Dinosaurierpark.
An der A 5 Karlsruhe–Basel bei der Ausfahrt Ettenheim, ab Freiburg auch mit dem EuropaParkBus erreichbar.
April–Okt. tgl. 9–18 Uhr, Juli/August länger, Tageskarte 38 DM, für Kinder von 4–11 Jahren 34 DM ■ B 6

Wer die Wahl hat, hat die Qual: Die Möglichkeiten für einen sportlichen Urlaub sind im Schwarzwald so vielfältig wie die Landschaft – »Ihr« Sport ist bestimmt auch im Angebot!

Sei es Schwimmen, Segeln und Windsurfen in bzw. auf einem der herrlichen klaren Seen oder Klettern, Wandern, Skilaufen und Radfahren: Jede Sportart bringt dem Urlauber den Schwarzwald auf eine andere Weise näher. Wer einen Pferderücken dem Fahrradsattel vorzieht, findet zahlreiche Reiterhöfe vor. Und alle, die sich den Wald lieber aus der Luft betrachten wollen, können zwischen Drachen-, Gleitschirm- und Segelfliegen oder auch einer Ballonfahrt wählen.

Fußball: Leckerbissen für Fans Aber nicht nur den aktiven Sportfans hat der Schwarzwald Attraktionen zu bieten. Wer sich beispielsweise für Bundesligafußball interessiert, hat gleich zwei Möglichkeiten, Stadionatmosphäre zu schnuppern. Im Karlsruher Wildparkstadion bemüht sich der KSC, nach dem Abstieg 1998 direkt wieder ins Fußballoberhaus zurückzukehren. Diesen Kraftakt hat der SC Freiburg bereits bewältigt – mit stimmgewaltiger Unterstützung eines begeisterten Publikums. Das Dreisamstadion ist immer ausverkauft, daher sollten Sie sich so früh wie möglich um Karten für ein Spiel der »Breisgaubrasilianer« kümmern.

Die ganze Palette des Wintersports Auch Wintersportfreunde kommen im Schwarzwald natürlich auf ihre Kosten. Nicht umsonst stammt der Olympiasieger der Nordischen Kombination von 1960, Georg Thoma, aus Hinterzarten, wo ihm die Adlerschanze reichlich Gelegenheit zum Training gab. Sein Neffe Dieter ist seit Jahren eine feste Größe der Skisprung-Nationalmannschaft und war Skiflugweltmeister. Eishockey-Fans werden sich am ehesten nach Villingen-Schwenningen orientieren. Dort kämpfen die Schwenninger Wild Wings in der Deutschen Eishockey Liga mit hochkarätigen Gegnern um Punkte.

Sportbroschüre Für einen vollständigen Überblick über die sportlichen Angebote des Schwarzwaldes fordern Sie am besten die Broschüre »Schwarzwald – Freizeitbogen« beim Schwarzwald Tourismusverband (→ Auskunft, S. 116) an. Dort gibt es auch Prospekte zu einzelnen Sportarten.

Natürlich gibt es im Schwarzwald zahlreiche Klettermöglichkeiten – nicht nur für Profis und Extremsportler.

Drachen- und Gleitschirmfliegen

Ausgebildete Piloten finden im Schwarzwald viel Gelegenheit zum Spiel mit der Thermik. Kurse am Feldberg für Anfänger und Fortgeschrittene bietet die

air power-Gleitschirmschule
Beim Steinernen Kreuz 10
79798 Jestetten
Tel. 0 77 45/3 08, Fax 4 77

Fahrradfahren

Der Schwarzwald ist ideales Fahrradgelände. Ob Rundkurse, Täler, leichte oder schwere Steigungen – hier gibt es alles auf engstem Raum. Sehr hilfreich ist die Broschüre »Radurlaub« des Schwarzwald Tourismusverbands (→ Auskunft, S. 116) mit Informationen über Radwanderkarten und -führer (im Fachhandel oder über die Fremdenverkehrsämter zu beziehen), Fahrradvermietungen an Bahnhöfen und Pauschalarrangements. Sie enthält Tourenvorschläge, Übernachtungsangebote und spezielle Angebote für Radwanderungen mit Gepäcktransport. Gegen eine Gebühr von jeweils 3 DM sind beim Tourismusverband auch die Broschüren »Radwandertouren« und »Mountainbiketouren« erhältlich. Auch viele Fremdenverkehrsämter bieten spezielle Prospekte mit Streckenvorschlägen für Off-Road-Radler an, um so den Trendsport in naturverträgliche Bahnen zu lenken.

Golf

Kurse mit 18 Löchern finden sich in Bad Dürrheim, Bad Liebenzell, Baden-Baden, Badenweiler, Donaueschingen, Freiburg-Munzingen, Freudenstadt, Karlsruhe, Kirchzarten, Königsfeld, Rastatt, Rheinmünster, Rickenbach und Stühlingen. In mehreren Orten gibt es außerdem 9-Loch-Anlagen.
Kurse und Schulungen beim

Golfclub Donaueschingen
Am Golfplatz 1
78166 Donaueschingen
Tel. 07 71/84-5 25

30 000 Wanderkilometer durch die schöne Schwarzwaldlandschaft wollen bewältigt werden.

Kanu/Kajak

Möglichkeiten zum Paddeln im mehr oder weniger wilden Wasser gibt es z. B. in Bad Liebenzell, Bad Rippoldsau-Schapbach, Baiersbronn, Bühlertal, Enzklösterle, Forbach, Furtwangen, Rastatt und Rottweil. Informationen erhalten Sie bei den jeweiligen Fremdenverkehrsämtern.

Klettern

Nicht gerade alpine Verhältnisse, aber dennoch attraktive Kletterfelsen gibt es u. a. bei Baden-Baden, bei Todtnau und am Feldberg. Eine Zusammenstellung aller Kletterfelsen nach der neuen Regelung zum Naturschutz erhalten Sie beim Tourismusverband (→ Auskunft, S. 116).

Rodeln

Die längste gewalzte Rodelbahn Deutschlands führt vom Hasenhorn (1158 m) über 3,5 km hinunter nach Todtnau. Die 1200 m lange Rodelbahn in Triberg ist nachts ebenso beleuchtet wie die 1500 m lange Bahn in Enzklösterle.

Daß es sich im Schwarzwald nicht nur auf Schnee, sondern auch auf Blech prima rodeln läßt, zeigen die beliebten Sommerrodelbahnen (→ Mit Kindern unterwegs, S. 25).

Schwimmen

Abgesehen von den Kur- und Heilanlagen gibt es eine Vielzahl von Erlebnisbädern und »normalen« Frei- und Hallenbädern.

Segeln/Surfen

Auf den größeren Seen, vor allem dem Schluchsee und der Schwarzenbachtalsperre, gibt es gute Segel- und Surfbedingungen. Am Schluchsee können Sie Boote und Bretter mieten oder Kurse belegen bei der

Segelschule Pohl
Bergackerweg 8
79859 Schluchsee
Tel. 0 76 56/3 66

Übrigens: Der Schwarzwald ist die Wiege des deutschen Skisports – der erste Skiclub wurde 1891 in Todtnau gegründet.

Skilauf/Skilanglauf

Der Schwarzwald gilt, zumindest in seinen höheren Lagen ab 800 m, von Dezember bis März als relativ schneesicher. Eine Zusammenstellung aller Lifte und Loipen – allein der Liftverbund Feldberg weist 27 präparierte Abfahrtsstrecken aus – mit Länge, Höhenunterschied, Preisen usw. sowie einem Prospekt über Winterpauschalangebote erhalten Sie vom Schwarzwald Tourismusverband. Viele tiefergelegene Gemeinden setzen bei schlechter Schneelage Skibusse ein, die die Sportler in die höhergelegenen Gebiete bringen.

Neben den Rundloipen gibt es fünf Skifernwanderwege. Der mit 100 km längste führt von Schonach zum Belchen (→ Routen und Touren, S. 100). Wie beim Radwandern und Wandern gibt es auch hier das »Ohne Gepäck«-Angebot für Skiwanderungen im Nördlichen Schwarzwald, das den Spaß an der Bewegung deutlich vergrößert. Nähere Informationen dazu gibt es bei der Touristik Nördlicher Schwarzwald (→ Auskunft, S. 116).

Wetter- und Wintersportberichte sind über folgende Telefonnummern abrufbar
Gesamter Schwarzwald:
Tel. 01 90/11 60 73
Feldberg, südlicher Schwarzwald:
Tel. 0 76 76/12 14
Nördlicher Schwarzwald:
Tel. 0 72 31/1 79 29
Schwarzwald-Hochstraße:
Tel. 0 72 26/2 96 oder 4 41

Wandern

Die Wanderwege im Schwarzwald haben eine Gesamtlänge von 30 000 km. Kartenmaterial und Wanderführer sind beim Schwarzwaldverein (→ Auskunft, S. 116) zu beziehen. Wenn Sie nicht auf eigene Faust loslaufen möchten, können Sie sich Gruppenwanderungen anschließen, die von vielen Gemeinden angeboten werden (Information bei den Fremdenverkehrsämtern). Der Schwarzwald Tourismusverband gibt eine Broschüre »Wandern ohne Gepäck« heraus. Darin sind elf Touren beschrieben, bei denen das Gepäck von einer Übernachtungsstation zur nächsten befördert wird.

MERIAN-TIP

Für gutbetuchte Abenteurer bietet sich das einmalige Erlebnis einer **Ballonfahrt** an. Im Großraum Freiburg schwebt man für 350 DM pro Person im Heißluftfesselballon durch die Lüfte, in Baden-Baden kostet die Fahrt inklusive Champagner 495 DM. Die Dauer des exklusiven Abenteuers ist wetterabhängig, wird aber für mindestens eine Stunde garantiert. Freiburg: **Fa. Kiefer-Schilling**, Tel. 0 76 02/5 48; Baden-Baden: **Ballooning 2000**, Tel. 0 72 23/6 00 02

Wenn die »fünfte Jahreszeit«

anbricht, erlebt die Schwarzwälder Festsaison allerorts mit der Fasnet ihren unbestrittenen Höhepunkt.

Diese schwäbisch-alemannische Tradition hat ihren Ursprung wahrscheinlich im 1502 erstmals ausgerufenen Freimarkt zu Oberndorf auf der Schwäbischen Alb. Wer nun in dem bunten Treiben zwischen Weiberfasnet am »Schmutzige Dunschdig« und Aschermittwoch nur eine Spielart des deutschen Karnevals sieht, der ist auf dem Holzweg. Nicht rheinische Ausgelassenheit und »Wolle mer se roilasse« bestimmen das Bild, hier verläuft die Austreibung der Wintergeister nach überlieferten Regeln. Jede Maske, »Larve« genannt, hat ihren Platz und ihre Funktion. Das Traditionsbewußtsein der Narrenzünfte und Fasnetsvereine bedeutet natürlich nicht, daß Fröhlichkeit und Trubel verboten sind. Ganz im Gegenteil. In der Fasnetszeit finden überall Umzüge und Veranstaltungen statt, bei denen viel gelacht, getanzt, gegessen und getrunken wird.

Jede Ortschaft hat ihre eigenen Larven, jede Zunft ihre eigene Überlieferung. In **Villingen** ziehen die »Surhebel« durch die Straßen, in **Rottweil** die Schellennarren, in **Gengenbach** die »Spättle« mit ihrem Flickenkostüm, dem »Bläzlehäs«.

Aber auch außerhalb der fünften Jahreszeit läßt sich's im Schwarzwald vortrefflich feiern. Von Mai bis Oktober gibt es kein Wochenende ohne Straßenfest oder »Hock«, gelegentlich eher neuzeitlich und schick mit Sekt und Scampi, üblicherweise aber rustikal und mit kommunikationsfördernden Bierbänken ausgestattet, an denen deftige Gaumenfreuden verspeist werden.

Zur Fasnet treiben Teufelfratzen, wüste Hexen- und Wildemanngesichter und Narren die Wintergeister aus.

Januar

Internationales Hundeschlittenrennen in Todtmoos

Bei dem Rennen ist regelmäßig die europäische Spitzenklasse in dieser exotischen Sportart am Start.
Ende des Monats

Februar

Fasnet

Umzüge, Maskenbälle und Tanzabende im gesamten Schwarzwald.

April

Jazzfestival

Treffen europäischer und amerikanischer Musiker in Villingen-Schwenningen.

Mai

Frühjahrsmeeting

Internationale Galoppwoche auf der Rennbahn in Iffezheim.

Maimärkte

Größere und kleinere Volksfeste mit vielfältigen Möglichkeiten zum Amüsement und Geldausgeben, z. B. in Bad Teinach-Zavelstein, Elzach, Freiburg, Furtwangen, Haslach, Neuenbürg, Offenburg, St. Blasien.

Juni

Freiburger Weintage

Weinfest rund ums Freiburger Münster mit Krönung der Badischen Weinkönigin.

Fronleichnam

Prozessionen in vielen Orten des Schwarzwalds.

Hirsauer Klosterfestspiele

Klassische Musik im Kloster.
Einige Wochenenden im Juni/Juli

Hornberger Schießen

Freilichtspiele um die mißglückte Begrüßung des Herzogs von Württemberg in Hornberg im Jahr 1565.
Von Juni bis Sept.

Zelt-Musik-Festival

Musik unterschiedlichster Stilrichtungen, Kabarett und Kleinkunst in Zelten vor den Toren Freiburgs.

Juli

Schwyzertag

Heimatfest in Waldshut-Tiengen zum Gedenken an die Rettung vor der Schweizer Belagerung 1415.
1. Wochenende des Monats

MERIAN-TIP

Einen **Rosenmontagszug** der außergewöhnlichen Art – 1936 von einer Stammtischrunde ins Leben gerufen – kann man in Schramberg erleben. Rund 40 abenteuerlich dekorierte Waschzuber samt Besatzung treiben hier die eiskalte Schiltach hinab. Bei der Fahrt, die von »Da-Bach-na«-(»Den Bach hinunter«)Rufen begleitet wird, ist auch ein Wehr zu überwinden, was die Stimmung bei Zuschauern und Kapitänen nochmals steigert – schließlich gibt es für jedes Umkippen Pluspunkte.
■ D 6/E 6

August

Breisacher Weinfest
Am letzten Augustwochenende kann man in Breisach Kaiserstühler Weine probieren.

Breisgauer Weinfest
Nomen est omen. In Emmendingen.
3. Wochenende des Monats

Große Woche
Der absolute Höhepunkt des Turfsports in Iffezheim.
Letzte Woche im Aug.

Hans-Thoma-Tag
Großes Heimatfest in Bernau zur Erinnerung an den Maler Hans Thoma.
Anfang des Monats

Internationale Sommerkonzerte
Im restaurierten Dom von St. Blasien kann man stilvoll klassischer Musik lauschen.
Wechselnde Termine

Markgräfler Weinfest
Bei diesem Fest in Staufen liegt der Schwerpunkt auf Markgräfler Weinen.
1. Wochenende des Monats

Waldshuter Chilbi
Aus der Kirchweih (= Chilbi) entstand dieses Heimatfest mit Festumzug unter Beteiligung vieler Trachtengruppen.
3. Wochenende des Monats

September

Ortenauer Weinfest
Gemütlich essen und trinken in Offenburg.
Letztes Wochenende des Monats

Schneckenfest
In Pfaffenweiler werden überall Gutedel und Schnecken in verschiedenen Variationen angeboten.

Die traditionellen Fronleichnamsprozessionen finden in vielen Orten des Schwarzwalds statt.

Zwetschgenfest
Jedes Jahr findet in Bühl ein Straßenfest zu Ehren des berühmtesten Produktes der Gegend statt.
2. Septemberwochenende

Oktober

Donaueschinger Musiktage
Seit über 30 Jahren Treffpunkt der musikalischen Avantgarde.
Wechselnde Termine

Herbstmärkte
Viele Ortschaften leiten mit Jahrmärkten das Ende der Freiluftsaison ein, z. B. in Bad Säckingen, Donaueschingen, Freiburg, Freudenstadt, Karlsruhe, Schenkenzell, Villingen-Schwenningen.

Dezember

Weihnachtsmärkte
Gibt es in fast jedem größeren Ort im Schwarzwald in den Wochen vor dem Fest.

Badelust und Spieltrieb – ein Städtchen, dessen Geschichte und Gegenwart von zwei so menschlichen Regungen lebt, muß einfach ein sympathischer Ort sein.

Baden-Baden ■ D 2

52 000 Einwohner
Stadtplan → S. 37

Eingebettet in sanfte Schwarzwaldhügel hat sich Baden-Baden mit seinen schönen großbürgerlichen Häusern aus der Gründerzeit, mit seinen teuren Hotels und gepflegten Parkanlagen ein wenig vom Glanz der Belle Époque bewahrt, ohne langweilig und verstaubt zu wirken. Und so streiten sich die Kurgäste – nicht selten auf japanisch oder englisch –, welches denn nun die schönste Therme Europas ist: das **Friedrichsbad**, das Prunkbad aus Kaisers Zeiten, oder die elegante **Caracalla-Therme**, die 1985 den Kurbetrieb wieder in Schwung brachte.

Schon die Römer genossen im 1. Jahrhundert n. Chr. in ihrer Siedlung namens **Aquae Aureliae** das rund 60 °C heiße Quellwasser. Doch Baden-Badens große Zeit begann erst Ende des 18. Jahrhunderts, nachdem sich die Stadt endlich von der fast völligen Zerstörung durch französische Truppen im Jahre 1689 erholt hatte. Auch diesmal waren es Franzosen, die Baden-Badens Schicksal bestimmten: Vor der Revolution geflüchtete Adlige wählten den reizvollen Ort an der Oos zu ihrem Exil, und beim »Rastatter Kongreß« im Jahre 1797, nach dem Friedensschluß zwischen Frankreich und Österreich, entdeckten die europäischen Fürsten und Diplomaten das milde Klima und die heißen Thermen der Stadt.

Stadt der Prominenten

Nach dem Bau der **Spielbank** 1838 wurde Baden-Baden zur »Sommerhauptstadt Europas«. Zu den Gästen zählten Bismarck, Clara Schumann, Brahms, Wagner, Nietzsche, Queen Victoria und nicht zuletzt Dostojewski, der hier das Vorbild für seinen »Spieler« fand. 1863 erlebte Baden-Baden mit dem Besuch von Franz-Joseph von Österreich, Zar Alexander und Napoleon III. gar ein Drei-Kaiser-Treffen.

Heute stellen sich illustre Besucher vor allem während der Internationalen Pferderennen in Iffezheim ein. Und das 1998 eröffnete Festspielhaus soll auch internationale Musikfans anlokken – wenn es denn gelingt, die finanzielle Misere der Betreiber in den Griff zu bekommen ...

In Baden-Baden ist noch ein Hauch der Belle Époque zu spüren – die alte Kurstadt hat Flair.

Bitburger

Hotels

Brenner's Park-Hotel & SPA
südlich ■ b 3
Es gilt als eines der letzten wahren Grandhotels in Europa. Die Nummer eins in Baden-Baden.
Schillerstr. 4–6
Tel. 0 72 21/90 00, Fax 3 87 72
100 Zimmer und Suiten
Luxusklasse (AE, DC, EC, Visa)

Forellenhof Landidyll-Waldhotel südöstlich ■ b 3
Ruhig und grün, zwischen Wald und Oosbach, liegt dieses Haus 5 km vom Zentrum entfernt (Buslinie 1). Mit Fahrradverleih.
Gaisbach 91, Oberbeuern
Tel. 0 72 21/97 40, Fax 97 42 99
28 Zimmer
Obere Preisklasse (AE, DC, EC, Visa)

Hotel am Friedrichsbad ■ c 2
Moderner Hotelbetrieb hinter denkmalgeschützter Fassade.
Gernsbacher Str. 31
Tel. 0 72 21/27 10 46
Fax 3 83 10
14 Zimmer
Mittlere Preisklasse (AE, DC, EC, Visa)

Hotel am Markt ■ b 2
Unterhalb des Neuen Schlosses, neben der Stiftskirche, liegt dieses einfache, gepflegte Hotel mit familiärer Atmosphäre.
Am Marktplatz 18
Tel. 0 72 21/2 27 47, Fax 27 04 44
26 Zimmer
Mittlere Preisklasse (AE, DC, EC, Visa)

Schloßhotel Bühlerhöhe
südwestlich ■ a 3
→ MERIAN-Tip, S. 17

Spaziergang

An der Lichtentaler Allee, wo seit Jahrhunderten die Spaziergänger lustwandeln, beginnt unser Stadtrundgang. Das obere Ende wird von Kunsthalle und Theater gesäumt. Entlang dem 1860 bis 1862 errichteten **Theater**, das die Pariser Oper zum Vorbild hat, kommt man zum **Kurhaus**, dessen rechter Flügel das

Der gepflegte Kurpark mit Blick auf die Altstadt und das Neue Schloß lädt zum Spazierengehen ein.

Casino beherbergt. Von hier geht es weiter durch die Parkanlage zur **Trinkhalle** – eine erste Gelegenheit, sich mit einem Schluck warmen Heilwassers zu stärken. Überquert man nun das Flüßchen Oos und die Luisenstraße, gelangt man in die Fußgänger- und Einkaufszone. Durch die Lange Straße geht es in die Gernsbacherstraße, wo gleich links am **Jesuitenplatz** mehrere Straßencafés und Restaurants liegen. Der strenge Bismarck bewacht seit 1915 den heiteren Platz. Am oberen Ende der Gernsbacherstraße führt die kleine Bäderstraße auf das pompöse **Friedrichsbad** zu. Die darunter liegende Tiefgarage bildet den wenig anheimelnden Eingang zu den **Ruinen der römischen Bäderanlage.** Über den Römerplatz und vorbei am **Kleinen Spielzeugmuseum** geht es links hoch zum 1670 gegründeten **Kloster zum Heiligen Grab** (heute Gymnasium). Der rechter Hand liegende Brunnenplatz wird vom Säuleneingang der **Caracalla-Therme** und der schlichten **Spitalkirche** (1468–1478, Umbau im 18. Jh.) gesäumt. Wir gehen jedoch in entgegengesetzter Richtung am Kloster entlang und biegen hinter der **Klosterkirche** nach rechts ab. Jetzt geht es über die **Dernfeldstaffeln** den recht steilen, üppig bewachsenen **Florentinerberg** hinauf.

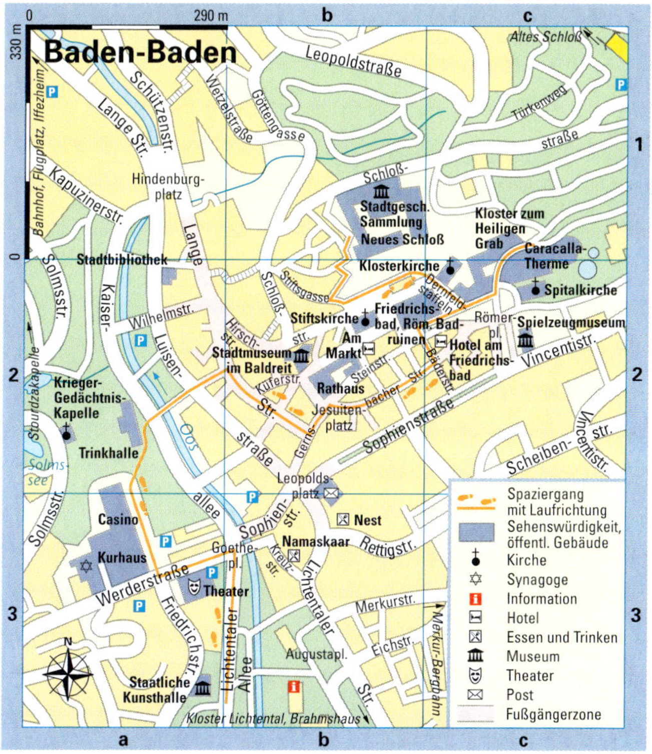

Zum **Neuen Schloß** führt der Treppenaufgang auf der Höhe der **Stiftskirche.** Von der unterhalb des Schlosses gelegenen Terrasse oder auch vom Schloßcafé aus überblickt man das zwischen grüne Hügel eingebettete Städtchen.

Sehenswertes

Altes Schloß nördlich ■ c 1

Die Ruine der 1102 erbauten und im 16. Jh. abgebrannten Burg Hohenbaden steht auf dem Battert im Norden der Stadt. Vom Turm aus blickt man über Schwarzwald und Rheinebene bis zu den Vogesen. Mit Café-Restaurant.

Café

Di–So 10–22 Uhr

Verkehrsverbindung

Bus Nr. 215 ab Augustaplatz
Ostern–Nov.

Casino ■ a 2/a 3

Die älteste Spielbank Deutschlands (seit 1838) rühmt sich, auch die schönste der Welt zu sein. Ob die prächtigen Gemälde, Kronleuchter und Skulpturen in den Räumen die Unglücklichen über ihre Verluste hinwegtrösten? Der Höchsteinsatz beim Roulette beträgt 20 000 DM.

Kaiserallee 1
Spielbetrieb tgl. ab 14 Uhr; Führungen tgl. 10–11.30 Uhr

Festspielhaus nördlich ■ a 1

Der moderne Bau wurde erst im April 1998 festlich eingeweiht, steht aber bereits vor dem Konkurs. Mit seinen 2500 Plätzen wäre es das viertgrößte Festspielhaus der Welt.

Beim alten Bahnhof 2
Tel. 0 72 21/30 13-0

Friedrichsbad mit Römischen Badruinen ■ b 2/c 2

Zwischen 1869 und 1877 entstand der Badesaal im Renaissancestil, der 1981 liebevoll restauriert und mit modernster Technik ausgestattet wurde. Gönnen Sie sich einen Besuch im »Römisch-Irischen Bad«, und planen Sie mindestens drei Stunden ein. Nach den kalten und heißen Bädern und den Massagen werden Sie sich wie neugeboren fühlen. Wer sich dafür interessiert, wie vor 2000 Jahren gebadet wurde, kann die 1847 entdeckten **Ruinen der antiken Thermen** unterhalb

MERIAN-TIP

Caracalla-Therme Im ehemaligen Augustabad befindet sich eine der attraktivsten Badelandschaften Europas. Sieben Thermalwasserbecken, Whirlpools, Massagebecken und eine 700 qm große Saunalandschaft dienen zusammen mit dem stilvollen Interieur der Entspannung. Römerplatz 11, tgl. 8–22 Uhr, 2 Std. 19 DM, 3 Std. 25 DM

■ c 1/c 2

des Friedrichsbades besichtigen (bei Redaktionsschluß war die Anlage wegen Restaurierungsarbeiten noch geschlossen).

Römisch-Irisches Bad
Mo–Sa 9–20 Uhr (letzter Eintritt), ab 36 DM

Kurhaus ■ a 3
Der gesellschaftliche Mittelpunkt Baden-Badens – nicht nur, weil im rechten Flügel das Casino untergebracht ist. Das strahlend weiße Gebäude mit verschiedenen Konzert- und Ballsälen, Restaurant und Bar sowie den sechsarmigen Gaskandelabern wurde um 1823 nach Plänen von Friedrich Weinbrenner erbaut.
Kaiserallee 1

Lichtentaler Allee ■ b 3
Vom Goetheplatz erstreckt sich die Parkanlage am linken Ufer der Oos flußaufwärts bis zum 1245 gegründeten Zisterzienserkloster Lichtental (Länge: 2,3 km). Die ursprüngliche Eichenallee wurde 1850 in einen englischen Park umgewandelt – besonders herrlich zur Rhododendronblüte im Frühjahr.

Merkur östlich ■ c 2
Vom 668 m hohen Hausberg der Stadt (auch Großer Staufenberg genannt) hat man einen wunderbaren Blick in die Umgebung. Hinauf gelangt man mit einer Standseilbahn oder auf einem der zahlreichen Wanderwege.

Neues Schloß auf dem Florentinerberg ■ b 1
Tief unter dem Florentinerberg entspringen heiße Thermalquellen, die ihren Teil dazu beitragen, daß die mediterrane Vegetation am Südhang so üppig gedeiht. Auf der Spitze thront seit 1437 das Renaissanceschloß der Markgrafen von Baden. Die Anlage wurde 1689 stark beschädigt und besteht in ihrer heutigen Form seit 1847. Sie beherbergt die **Stadtgeschichtliche Sammlung,** und mit Glück hat auch das **Schloßcafé** mit herrlichem Rundblick geöffnet (unregelmäßige Öffnungszeiten).

Architektonisch reizvoll ist die 90 m lange Trinkhalle mit korinthischer Säulenfront.

Stiftskirche ■ b 2
Baugeschichte zum Nacherleben: Die ältesten, romanischen Bauteile stammen aus dem 13. Jh. Nach der Zerstörung 1689 erfolgte der Wiederaufbau im barocken Stil (1751–1753), eine Regotisierung dann 1866/67. Beachtenswert sind das Sakramentshäuschen (ca. 1490) am linken Pfeiler des Chorbogens sowie das Steinkreuz des Holländers Niclaus Gerhaerts von Leyden (1467).
Marktplatz

Trinkhalle ■ a 2
Blickfang ist der der Oos zugewandte, 90 m lange Wandelgang mit Fresken aus der regionalen Märchen- und Sagenwelt. Im Inneren des beeindruckenden, 1839 bis 1842 erbauten Gebäudes sprudeln – wer hätt's gedacht – Heilwässer.

Museen

Brahmshaus südöstlich ■ b 3
In der Nähe des Klosters Lichtental liegt die einzige noch erhaltene Wohnstatt des Komponisten, der hier 1865 bis 1874 die Sommer verbrachte, in engem Kontakt zu Clara Schumann.
Maximilianstr. 85
Mo, Mi, Fr 15–17, So 10–13 Uhr

Stadtmuseum im Baldreit ■ b 2
2000 Jahre Stadtgeschichte in den Räumen der mittelalterlichen Badherberge Baldreit.
Küferstr. 3
Di–So 10–12.30, 14–17 Uhr

Essen und Trinken

Zum Alde Gott südwestlich ■ a 3
Die Gourmetadresse im Ortsteil Neuweier. Der Chef Wilfried Serr gilt als Saucen-Spezialist und kreativer Koch. Benannt ist das Lokal nach einem berühmten Wein aus Sasbachwalden.
Neuweier, Weinstr. 10
Tel. 0 72 23/55 13
Fr–Mi 12–15 und 18.30–24Uhr
Luxusklasse (EC, Visa)

Café König ■ b 3
Traditionsreiches Kaffeehaus beim Augustaplatz.
Lichtentaler Str. 12
Tgl. 9–19 Uhr

Namaskaar ■ b 3
Beliebtes indisches Restaurant.
Kreuzstr. 1
Tel. 0 72 21/2 46 81
Tgl. 12–14 und 18.30–22.30 Uhr
Mittlere Preisklasse

Nest ■ b 3
Badische Küche, ungarische Spezialitäten und Vegetarisches.
Rettigstr. 1
Tel. 0 72 21/2 30 76
Mi–Mo 11.30–14 und 17.30–22 Uhr
Untere Preisklasse

Einkaufen

Zum Schaufensterbummel eignen sich besonders die Lange Straße und die Gernsbacher Straße. Exklusivere Geschäfte liegen vor allem in der Sophienstraße.

Lauck ■ b 2
Regionale Weine und selbstgebrannte Spirituosen wie das Schwarzwälder Zibärtli.
Sophienstr. 15

Schwarzwald Bienen-Honig-Haus ■ b 2
Spezialitäten aus der Bienenwelt, von Honig über Kauwachs bis hin zur Kosmetik auf Pollenbasis.
Lange Str. 38

Am Abend

Griffins ■ a 3
Disko für Junge und solche, die sich dafür halten. Ab Mitternacht geht's richtig los, vorher hat man jede Menge Platz.
Im Kurhaus
Mi–So 21–5 Uhr

Palais Gagarin ■ b 3
Schöne Bar zum Sehen und Gesehenwerden.
Augustaplatz
Mo–Sa 12–1 Uhr

La Provence ■ b 2
Schon seit Jahren ein In-Treff mit französischer Küche und bunt gemischtem Publikum.
Schloßstr. 20
Tgl. 12–1 Uhr

Weinstube im Baldreit ■ b 2
Hier locken der rebenumrankte Innenhof und die Weinkarte. Die gute Küche bleibt bis 22.30 Uhr geöffnet.
Küferstr. 3
Di–So ab 17 Uhr
Tel. 0 72 21/2 31 36

Service

Auskunft
Tourist-Information Zentrum ■ b 3
Haus des Kurgastes
Augustaplatz 8
Tel. 0 72 21/275-214
Tgl. 9.30–18 Uhr
Tourist-Info Stadteinfahrt
nordwestlich ■ a 1
an der B 500
Tel. 0 72 21/275-200
Tgl. 9–19 Uhr
Postanschrift:
Baden-Baden Marketing GmbH
Schloß Solms, Solmstr. 1
76530 Baden-Baden

Post
Hauptpostamt ■ a 1
Kaufhaus Wagener, Lange Str. 44

Verkehrsverbindungen
Bahnauskunft
Tel. 07 21/1 94 19
Taxi
24 Stunden Funk-Taxi-Service
Tel. 0 72 21/6 21 12

Ein hübsches Plätzchen – nicht nur für Verliebte.

Ziele in der Umgebung

Bad Herrenalb ■ E 2

7100 Einwohner

Der am Schnittpunkt von sieben Tälern gelegene kleine Ort ist ganz auf Kurbetrieb eingestellt. Heilklima und Heilwasser, über 100 km Wanderwege sowie ein umfassendes Sportangebot sind die Grundlage seiner Beliebtheit vor allem bei der älteren Generation.

In der »Historischen Klosterstraße« ist die Ruine des 1149 gegründeten **Zisterzienserklosters** zu sehen. Nur die Mauern der »Paradies« genannten Abteivorhalle (15. Jh.) sowie der Chor der Klosterkirche, an den 1738 ein neues Langhaus angebaut wurde, blieben bestehen. Die **Heimatstube** im Rathaus informiert über die Geschichte des Klosters (Sa 10–11 Uhr, Juni–Sept. auch So 10–12 Uhr).

Bad Herrenalb ist Ausgangspunkt der **Albtal-Museumsbahn** (→ Routen und Touren, S. 106), die auch an der Ruine des 1180 gegründeten und nach etlichen Verwüstungen und Neuaufbauten 1853 endgültig zerstörten Klosters **Frauenalb** vorbeiführt. Nur die Fassade, die Peter Thumb 1727 bis 1733 nach dem Vorbild von St. Peter geschaffen hatte, und die beiden Kirchtürme sind noch zu sehen. Heute dient die Ruine als Kulisse für Sommerkonzerte.

Verkehrsverbindung:
Bus Nr. 244, über Gernsbach

Museum

Spielzeugmuseum
Das kleine Museum zeigt eine schöne Auswahl alter Puppen und anderer Spielsachen.
Historische Klosterstraße
Juni–Sept. Di–So 14.30–17.30 Uhr, sonst nur Sa, So und feiertags

Bad Wildbad ■ E 2

11 000 Einwohner

Die erste urkundliche Erwähnung des Kur- und Heilbades »Wiltpad« datiert aus dem Jahr 1345, aber schon um 1200 dürften Mönche aus dem nahen Herrenalb die heilende Wirkung der Thermalquellen genutzt haben.

Zahlreiche Brände suchten das Städtchen immer wieder heim, so daß das heutige Stadtbild im wesentlichen in den letzten 200 Jahren entstanden ist. Es wird, neben der **Stadtkirche** (1746–1748), vor allem von dem herrlichen **Naturkurpark** sowie den beiden Bädern aus dem 19. Jh. geprägt. Das elegante **Graf-Eberhard-Bad** (1840–1847) wurde 1995 als moderner Badetempel im maurischen Stil eröffnet und nennt sich jetzt **Palais Thermal**. Das **König-Karls-Bad** (1895) dient als »Haus des Gastes«. In den 1980ern weitete man das Kurangebot mit dem **Neuen Eberhardsbad** noch aus.

Der **Sommerberg** (784 m, Seilbahn) bietet einen schönen Rundblick und ausgezeichnete Wandermöglichkeiten. Von hier gelangt man auch zum **Wildseemoor**, Deutschlands größtem Hochmoor. Das 181 ha große Naturschutzgebiet ist über hölzerne Stege begehbar.
Verkehrsverbindung: Bus Nr. 244, bis Gernsbach, dort weiter mit Linie 7 oder Linie 7708 ab Freudenstadt

Hotel/Essen und Trinken

Hotel Sonne
Familienbetrieb mit komfortablen Zimmern und guter Küche.
Wilhelmstr. 29
Tel. 0 70 81/9 25 70, Fax 92 57 49
Restaurant Mi geschl.
24 Zimmer
Mittlere Preisklasse

Bühl und Bühlertal ■ D 3

27 000 Einwohner

Zur Zeit der Baumblüte zeigt sich die Gegend um Bühl von ihrer schönsten Seite. Sie genießt aufgrund des milden Klimas einen hervorragenden Ruf als Obstanbaugebiet. Neben dem Spargel, der hier früher als in anderen Gegenden Deutschlands reift, ist der 1285 erstmals erwähnte Ort besonders für die »Bühler Frühzwetschge« bekannt. Auch die **Badische Weinstraße** verläuft hier, vorbei an den Weinbergen der Teilorte Altschweier, Eisental und Affental, so daß Genießer voll auf ihre Kosten kommen. Das **Rathaus** befindet sich seit 1877 in der ehemaligen Peter- und Paulskirche, woran noch der achteckige Kirchturm erinnert.

Oberhalb von Bühl-Kappelwindeck liegt die **Burgruine Alt-Windeck**. Die Burg wurde im 13. Jh. erbaut, seit 1550 ist sie jedoch unbewohnt. Von der freizugänglichen Burgterrasse geht der Blick weit über die Rheinebene, an klaren Tagen sogar bis zu den Vogesen und nach Straßburg. Nur wenige Kilometer talaufwärts liegt der Ort **Bühlertal,** von wo aus es sich hervorragend wandern läßt, z. B. zum 694 m hohen **Wiedenfelsen** oder zu den **Gertelbachfällen,** wo das Wasser über zahlreiche Felsstufen etwa 220 m weit in die Tiefe rauscht.

Hotel/Essen und Trinken

Hotel-Restaurant Rebstock
Stellvertretend für die ausgezeichnete Gastronomie der Gegend sei dieses Haus mit ruhigen Zimmern und guter Küche genannt.
Hauptstr. 110
Tel. 0 72 23/9 97 40, Fax 99 74-99
21 Zimmer
Hotel: Obere Preisklasse
Restaurant: Mittlere Preisklasse
Verkehrsverbindung: Bahn, vom Bahnhof Bus Nr. 263/264 nach Bühlertal, Nr. 271 zur Burg Windeck

Von der früheren Anlage des Klosters Frauenalb bei Bad Herrenalb sind seit einem Brand im Jahre 1853 nur noch Ruinen zu sehen – doch auch diese beeindrucken den Besucher.

Ettlingen

E 1

38 000 Einwohner

Im Nordwesten des Schwarzwalds liegt das bereits 788 urkundlich erwähnte Ettlingen, das seine Altstadt um das Flüßchen Alb herum ganz auf Fußgänger ausgerichtet hat. Da Ettlingen 1689 während des Pfälzischen Erbfolgekriegs völlig zerstört wurde, zeigen sich das 1728 bis 1732 neu aufgebaute **Schloß** und das **Rathaus** (1738) als Barockbauten. Der **Georgsbrunnen** auf dem Rathausplatz stammt dagegen noch von 1494, der **Narrenbrunnen** vor dem Schloß von 1549. Ältestes Bauwerk der Stadt ist die **Martinskirche** (zum Teil 12. Jh.), unter der sich Reste römischer Bäder befinden – Erinnerung an die Römersiedlung, die die Keimzelle des Ortes gebildet hat.

Besonders lebhaft geht es in Ettlingen im Sommer während der **Schloßfestspiele** zu. Die 1732 kunstvoll von Cosmas Damian Asam ausgemalte Schloßkapelle (das Deckengemälde zeigt Szenen aus dem Leben des Johannes Nepomuk) dient als Konzertsaal.

Hotel

Erbprinz
Das bundesweit bekannte Luxushotel bietet spezielle Festspielarrangements mit Feinschmeckermenü an.
Rheinstr. 1
76275 Ettlingen
Tel. 0 72 43/32 20, Fax 1 64 71
47 Zimmer
Luxusklasse (AE, DC, EC, Visa)

Museum

Schloßmuseum
Das Schloß beherbergt neben dem heimatkundlichen Albgaumuseum eine ostasiatische Sammlung sowie die Werke der badischen Maler Karl Hofer und Karl Albiker. Im Cosmos-Damian-Asam-Saal sind prächtige Deckengemälde zu sehen.
Di–So 10–17 Uhr, Schloßführungen Sa und So 14 Uhr
Verkehrsverbindung: Bahn

Ein besonders kunstvolles Wappen hat das 1192 von Kaiser Heinrich VI. zur Stadt erhobene Ettlingen.

Gengenbach

C 5

11 000 Einwohner

Das kleine »Hollywood on the Kinzig river«, das sein historisches Stadtbild so gut bewahrt hat, muß immer wieder einmal herhalten, wenn eine romantische Filmkulisse gesucht wird. Das Städtchen, das auf eine frühe Klostergründung (725) zurückgeht, wurde um 1230 angelegt und 1360 zur Reichsstadt erhoben. Es wird von mittelalterlichen Türmen bewacht und liegt zu Füßen des von Obst- und Weingärten umgebenen »Bergle« mit der **Jakobskapelle**. Seit dem Wiederaufbau nach der Zerstörung durch französische Truppen im Jahre 1689 hat sich wenig verändert, so daß es neben verwinkelten Gassen so manches zu sehen gibt: Schweden-, Kinzigtor-, Obertor- und Prälatenturm als Teile der alten Stadtbefestigung, die barocke Stadtkirche **St. Martin** mit ihrem phantastischen, bunt bemalten Innenraum, die ehemalige **Reichsabtei der Benediktiner** (heute Fachhochschule) und nicht zuletzt der **Marktplatz** mit dem Rathaus aus dem 18. Jh. und dem **Ritterbrunnen** von 1582. Besonders an den Markttagen, Mittwoch und Samstag vormittags, geht es hier lebhaft zu.

TOPTEN 1

Museen

Flößerei- und Verkehrsmuseum
Im ehemaligen Bahnwärterhäuschen macht dieses Museum mit der großen Flößertradition des Ortes bekannt.
Bei der Kinzigbrücke
April–Okt. Sa 14.30–17.30,
So 10–12 und 14.30–17.30 Uhr

Narrenmuseum im Niggelturm
Das im Niggelturm untergebrachte Museum gibt einen Einblick in die Gengenbacher Fasnet. Von der Turmspitze aus hat man auch einen sehr schönen Ausblick auf das Städtchen.
April–Okt. Sa 14.30–17.30,
So 10–12 und 14.30–17.30 Uhr
Verkehrsverbindung: Bahn

Die meisten Häuser der romantischen Gassen von Gengenbach stammen aus dem 18. und 19. Jahrhundert.

Gernsbach ■ D 2

15 000 Einwohner

Einst war sie ein bedeutender Ort, die idyllisch gelegene Stadt im Murgtal: Vom 14. bis 19. Jh. befand sich hier der Sitz der »Murgschifferschaft«, die Waldbesitz, Holzhandel und Flößerei unter einem Dach vereinigte. Ihre Bedeutung manifestierte sich u. a. im ehemaligen **Rathaus** (1617), das der Stadt von dem Holzhändler und Murgschiffer Kast vermacht worden war. Die **historische Altstadt** hat schöne Fachwerkhäuser bewahrt. Neben dem 5,4 ha großen Kurpark ist das etwas flußaufwärts gelegene **Schloß Eberstein** einen Besuch wert. Die 1803/1804 wiederaufgebaute Burg aus dem 13. Jh. befindet sich seit 1829 im Besitz der badischen Markgrafen.
Verkehrsverbindung: Bus Nr. 244

Mummelsee ■ D 3

Der größte (3,7 ha), tiefste (17 m) und höchstgelegene (1029 m) Karsee des Schwarzwalds hat seine Besucher schon früh fasziniert. Zahlreiche Sagen ranken sich um das dunkle Gewässer, in dem die »Mümmlein« hausen sollen – einen Teil davon hat Hans Jakob Christoph von Grimmelshausen (1621–1676), der auch eine Zeitlang Schultheiß von Renchen war, 1669 in seinem »Simplicius Simplicissimus« aufgezeichnet.

Auch Künstler der Romantik ließen sich hier gerne zu Bildern oder Gedichten inspirieren. Heute zeigt sich die Faszination des tretbootbefahrenen Gewässers an der Schwarzwald-Hochstraße, spöttisch auch »Rummelsee« genannt, am ehesten bei einem abendlichen Uferspaziergang.
Verkehrsverbindung: Bus Nr. 245

Oberkirch ■ C 4

18 000 Einwohner

Vielfältig sind die Gründe, die für einen Besuch in Oberkirch am Ausgang des Renchtals sprechen. So kann man auf den Spuren des Hans Jakob Christoph von Grimmelshausen wandeln, der im Ortsteil Gaisbach gelebt hat und dort Wirt im (heute noch bestehenden) Gasthaus »Zum Silbernen Stern« war. Hier verfaßte er eine ganze Reihe von Schriften. Sein Hauptwerk, der »Simplicissimus«, erschien 1669 und entstand im wesentlichen auf der **Schauenburg** (12. Jh.), die als Ruine über der Stadt thront. Neben dem literarischen weht aber auch noch ein anderer Geist durch Oberkirch: Nirgendwo in Deutschland gibt es so viele **Schnapsbrennereien** wie hier, genau 891 an der Zahl. Wer sich näher für die edlen Tröpfchen interessiert, kann an der »Schwarzwälder Schnapsakademie« in einem dreitägigen Kursus das »Wässerli-Diplom« erwerben.

Museum

Heimatmuseum
Im Heimatmuseum ist eine Grimmelshausen-Gedenkstätte eingerichtet, in der Erstausgaben zu sehen sind.
Hauptstr. 32
Di, Do 15–19, So 10.30–12.30, 14–17 Uhr

Service

Auskunft
Tourist-Information
Eisenbahnstr. 1
Tel. 0 78 02/8 22 41, Fax 8 21 79

Der dunkle, sagenumwobene Mummelsee inspirierte Dichter und lockte schon immer Besucher an.

Offenburg

C 4

56 000 Einwohner

Die ehemalige Freie Reichsstadt wurde im 11. Jh. gegründet, wahrscheinlich durch die Herzöge von Zähringen. 1689, während des pfälzischen Erbfolgekrieges, legten die Truppen Ludwig XIV. die Stadt in Schutt und Asche, einzig das Kapuzinerkloster wurde von dem verheerenden Brand verschont. So ist das Bild der ausgedehnten Fußgängerzone mit den vielen Straßencafés heute von barocken und klassizistischen Bauten geprägt.

Bekannt ist Offenburg in erster Linie für Zeitschriften, Klebeband und Pfefferminzdrops – Burda, Tesa und Vivil haben hier ihren Stammsitz. Doch sorgt die Lage des Verkehrs-, Industrie- und Wirtschaftszentrums im Herzen der Ortenau dafür, daß die badische Lebensart nicht zu kurz kommt. So gehört Offenburg zu den wenigen Städten, die eigenen Wein ausschenken können – als Besitzerin des mehrfach preisgekrönten St.-Andreas-Weinguts.

Verkehrsverbindung: Bahn

Hotel

Sonne
Das traditionsreichste Hotel der Stadt.
Hauptstr. 94
Tel. 07 81/7 10 39, Fax 7 10 33
34 Zimmer, 2 Appartements
Obere Preisklasse (AE, EC, Visa)

Sehenswertes

Heilig-Kreuz-Kirche
Auf den Resten einer gotischen Kirche (13. Jh.) errichtete man 1696 die heutige Barockkirche. Im Chor sind noch die alten Mauern zu sehen.

Kloster Unserer Lieben Frau
Das 1647 fertiggestellte Kloster überdauerte als einziges Gebäude der Stadt den Vernichtungsschlag der Truppen Ludwig XIV. im Jahre 1689. So blieb der Fachwerkkreuzgang mit seinen hölzernen Säulen bewahrt. Der Altar der Klosterkirche stammt jedoch aus der Barockzeit, die Orgel erst aus dem Jahr 1822.

Das prunkvolle Rastatter Schloß stammt aus dem Jahre 1705.

Ölberg und Kruzifix
Direkt gegenüber der Heilig-Kreuz-Kirche ist Offenburgs größter Kunstschatz zu bewundern: der »Ölberg«, ein freistehender Nischenbau von 1524. Die Häscher, die schon auf den betenden Christus warten, tragen Tracht und Wappen des 16. Jh. Das große Kruzifix ist eine Kopie des Andreas von Urach zugeschriebenen Kreuzes von 1521.

Museum

Museum im Ritterhaus
Auf moderne Weise wird hier Stadtgeschichte lebendig. Auch Ökologie, Mineralogie, Archäologie, Völkerkunde und Kunst haben ihren Raum.
Ritterstr. 10
Di–Fr 10–13 und 15–17, Sa und So 10–17 Uhr

Essen und Trinken

Guglhupf
In dem liebevoll eingerichteten Restaurant gibt's nicht nur Napfkuchen, sondern eine vielseitige Küche.
Metzgerstr. 7
Tel. 07 81/7 81 55
Mo–Fr 10–1, Sa 8–1 Uhr
Mittlere Preisklasse (EC, Visa)

Rastatt

D 1/2

46 000 Einwohner

Von der hübschen Stadt am Übergang zwischen Schwarzwald und Oberrheinischern Tiefebene sind es nur 6 km bis zur deutsch-französischen Grenze.

Das 1705 fertiggestellte Schloß macht Rastatt zur ältesten Barockresidenz am Ober-rhein. Weitere barocke Baudenkmäler in der Umgebung sind die **Pagodenburg** und das im Stadtteil Niederbühl-Förch gelegene **Lustschloß Favorite**.

Sehenswertes

Raststatter Schloß
Der barocke Prachtbau nach Versailler Vorbild beherbergt heute ein Wehrgeschichtliches Museum, die Beletage mit dem prunkvollen Ahnensaal, die Schloßkirche »Zum heiligen Kreuz« sowie die Erinnerungsstätte für die Freiheitsbewegungen in der deutschen Geschichte. Hauptthema dieser sehenswerten Ausstellung ist die Badische Revolution von 1848/49, die in Rastatt nach heftigen Kämpfen niedergeschlagen worden war.
Wehrgeschichtliches Museum, Beletage mit Ahnensaal und Erinnerungsstätte
Di–So 10–12 und 14–17 Uhr
Schloßkirchenführung
Sa 11 und 14 Uhr
Schloß Favorite
Niederbühl-Förch
März–Sept. Di–Do 9–11 und 14–17 Uhr, Okt.–Nov. 9–11 und 13–16 Uhr
Verkehrsverbindung: Bahn oder Bus Nr. 212

Sasbachwalden

D 3

2400 Einwohner

Das über 900 Jahre alte Bauern- und Winzerdorf am Fuß der Hornisgrinde wurde 1967 zum schönsten Dorf Baden-Württembergs gewählt. Doch auch die Umgebung von »Saschwalle« ist ein Erlebnis. Ob zum Skifahren im Winter, während der Kirschblüte im Frühjahr oder im Sommer – hier zeigt sich der Schwarzwald von seiner besten Seite. Genießern dürfte auch die Weinlage »Alde Gott« bekannt sein, und Hochprozentiges stellt die **Teufelsküch-Brennerei** in der Ruine des Brigittenschlosses aus dem 11. Jh. her (Besichtigungen jeden Fr 14.30–15.30 Uhr).
Verkehrsverbindung: Bahn bis Achern, weiter mit Bus Nr. 245

Südlicher geht's nicht. Das romantische Rheinstädtchen lockt mit lukullischen Angeboten und mit Ausflügen in den Hotzenwald und in die Schweiz.

Bad Säckingen ■ C 10/C 11

17 000 Einwohner
Stadtplan → S. 53

Allzu oft wird der Ort zwischen Schwarzwald und Schweiz auf einige rührselige Verse reduziert. Die kitschig-schöne Liebesgeschichte vom »Trompeter von Säckingen«, der sich in die Tochter des Freiherrn verliebt und sie schließlich heiraten darf, verhalf Joseph Victor von Scheffel im 19. Jahrhundert zu Ruhm und Ehren und hilft noch heute, das Stadtsäckel zu füllen. Dabei hat das rund 1100 Jahre alte Bad Säckingen viel mehr zu bieten: die wunderschöne Lage direkt am Rhein, die beschauliche Altstadt, die Thermalbäder, gute Restaurants sowie ein vielseitiges kulturelles Angebot. Und um die Superlative nicht zu vergessen: Die längste gedeckte Holzbrücke und die bedeutendste Trompetensammlung Europas sind ebenfalls in Bad Säckingen zu finden.

Auch die Geschichte der Stadt lohnt einen Blick. Aus der Zelle des irischen Mönchs Fridolin, der im 6. Jahrhundert ausgezogen war, die Alemannen zu christianisieren, entwickelte sich ein Frauenkloster, dem das Männerkloster untergeordnet war. Erst 1806 wurde das Stift aufgelöst. Heute ist nichts mehr von klösterlicher Atmosphäre zu spüren. Wer es einrichten kann, sollte zur Fastenzeit oder zu den zahlreichen Sommerfesten nach Bad Säckingen kommen. Da wird aus dem Kurort ein äußerst munteres Städtchen, das mit alemannischer Fröhlichkeit zu feiern versteht.

Der bronzene »Trompeter von Säckingen« wurde durch das gleichnamige Versepos von J. V. Scheffel berühmt.

Hotels

Goldener Knopf c 2
Das erste Haus am Platz bietet Zimmer mit Blick auf den Rhein, eine vielgelobte Küche sowie günstige Wochenendtarife.
Rathausplatz 9
Tel. 0 77 61/56 50, Fax 56 54 44
53 Zimmer
Obere Preisklasse (AE, DC, EC, Visa)

Hotel Schloßmatt B 10
5 km westlich von Bad Säckingen findet man dieses moderne, freundliche Haus.
Lettenbündte 5
79739 Schwörstadt
Tel. 0 77 62/5 20 70, Fax 52 07 50
26 Zimmer
Restaurant Di–Sa ab 18 Uhr
Obere Preisklasse (AE, DC, EC, Visa)

Kater Hiddigeigei c 2
Nahe beim Schloß gelegenes Haus mit Gastwirtschaft, wo Schmackhaftes vom Strauß oder Springbock serviert wird – der Koch hat vier Jahre lang in Namibia gelebt.
Tanzenplatz 1
Tel. 0 77 61/40 55, Fax 10 66
12 Zimmer
Warme Küche 12–14 und 18–22 Uhr
Mittlere Preisklasse (AE, DC, EC, Visa)

Spaziergang

»Die Altstadt den Fußgängern« ist die Devise der Säckinger, und so hat man in den Gassen Muße, die schönen, größtenteils farbig gestrichenen Häuser zu betrachten. Die meisten entstanden allerdings erst nach dem großen Stadtbrand von 1678.

Vom **Münsterplatz** ein paar Schritte die Steinbrückstraße hoch und dann links in die Metzgergasse gelangt man zunächst zum **Narrenbrunnen**. Die Rheinbrückstraße, Säckingens Einkaufsmeile, entlang geht es zu der phantastischen **Holzbrücke**, die zur Schweiz hinüberführt. Wir biegen jedoch vor der Brücke rechts in die Schönaugasse ein, vorbei am Minigolfplatz und dann links in die Austraße. Hier kommt man in den **Schloßpark**, wo das neben dem **Diebsturm** über dem Rhein gelegene Café zu einer ersten Pause lockt.

Den Rhein entlang gelangt man wieder zur Holzbrücke, hinter der es hinauf zum **Rathausplatz** geht. Hält man sich hier rechts, kommt man am **Brunnen** mit dem Kater Hiddigeigei vorbei, Scheffels »epischer Charakterkatze« aus dem »Trompeter«. Hinter dem **Fridolinsmünster** führt der Weg wieder oberhalb des

Ein weithin sichtbares Wahrzeichen Bad Säckingens ist das doppeltürmige barocke Fridolinsmünster.

Rheinufers entlang, wo man kurz darauf **Gallusbrunnen** und **Gallusturm** erreicht. Der hl. Gallus war wie der hl. Fridolin einer der Missionare des alemannischen Raums. Von hier aus gelangt man durch die Wohnanlage des Rheintalzentrums zur **Geschichtsstele** (1987 von Klaus Ringwald erschaffen), die auf ihren drei Seiten Stadtgeschichte erzählt.

Sehenswertes

Fridolinsmünster ■ c 2
Mehrere Brände mußte das auf die Gründung durch den hl. Fridolin zurückgehende Münster hinnehmen, so daß es sich seit 1751 ganz und gar barock präsentiert. Im weißgestrichenen Inneren mit Fresken von Franz Josef Spiegler bilden die farbigen Marmoraltäre und die Kanzel einen eindrucksvollen Kontrast. An der Außenseite des Chors befindet sich das Grabmal Franz Werner Kirchhofers (1633–1690) und seiner Frau Maria Ursula von Schönau (1632–1691), der historischen Vorbilder von Scheffels Liebesepos. Unter dem Münster ist noch die karolingische Krypta aus dem 9./10. Jh. erhalten.

Narrenbrunnen ■ c 2
Die lustige Figurengruppe mit den drei Urmasken »Römer«, »Siechenmännlein« und »Maisenhardtjoggele« schuf Leonhard Eder 1974 für die Säckinger Narrenzunft.

Rheinbrücke ■ c 2
Fast ein wenig unheimlich mutet der 200 m lange Weg hinüber auf das Schweizer Ufer an, obwohl die gedeckte Holzbrücke immer wieder Ausblicke auf den Rhein erlaubt. Die beeindruckende Konstruktion stammt aus dem 17. und 18. Jh., die Pfeiler sogar noch aus der Zeit um 1575.

Schloß Schönau ■ c 3
Das »Trompeterschloß« wurde bereits um 1600 errichtet, erhielt seine jetzige Form jedoch erst nach dem Stadtbrand von 1678. Zwei Denkmäler erinnern daran, daß hier die Liebesgeschichte des trompetenden Bürgersohns und der mutigen Tochter des Freiherrn von Schönau ihren Anfang nahm. Von Mai bis September kann man sonntags um 10.30 Uhr den Trompeter sein »Behüt dich Gott« blasen hören. Das Schlößchen lohnt nicht nur einen Besuch wegen seiner drei Museen, sondern auch wegen des schönen Schloßparks und dem Café direkt über dem Rhein.

Stadttürme ■ c 3 und ■ c 1
Der im Schloßpark gelegene, schlanke **Diebsturm**, einst Teil der mittelalterlichen Stadtmauer, wurde 1864 neugotisch umgebaut. Am Rhein steht rund und dick sein Gegenspieler, der **Gallusturm**. Er wurde 1343 nach einem Hochwasser errichtet. Seit 1974 dient der einstige Wellenbrecher und Wehrturm den Säckinger Narren als Zunftlokal.

Museen

Mineralienmuseum Villa Berberich nördlich ■ a 1
Im Kulturhaus der Stadt werden über 1000 Mineralien und Fossilien ausgestellt. Und zur Stärkung gibt es ein Café.
Sa 15–17, So 15–18 Uhr

Müllmuseum südwestlich ■ a 2
Buchstäblich aus dem Müll gerettet hat Familie Thomann diese Sammlung von altem Spielzeug, Handwerksgeräten und Kuriositäten.
Hauptstr. 162, Wallbach
Tel. 07761/4325
Do 15–17 und So 14–17 Uhr sowie nach Vereinbarung

Museen im Schloß ■ c 3
Das **Heimatmuseum** und das **Hochrhein-Museum** (Ur- und Frühgeschichte) informieren über Kultur und Geschichte der Region. Etwas ganz Besonderes sind die **Schwarzwälder Uhrensammlung** und das **Trompetermuseum**, das die größte Trompetensammlung Europas sein eigen nennt und auch eine Trompetenwerkstatt aus der Zeit um 1900 zeigt.
Di, Do und So 14–17 Uhr

Essen und Trinken

Café-Restaurant Bergsee
nördlich ■ a 1
»Schwarzsee« hieß der von dunklen Tannen umgebene See, bevor er durch Scheffel seinen heutigen Namen bekam. Das Lokal direkt am Ufer bietet ganztags kalte und warme Küche.
Bergseestr. 93 (2 km vom Zentrum)
Tel. 0 77 61/75 75
Tgl. 11–22 Uhr
Untere Preisklasse

Fuchshöhle ■ c 2
Das schön bemalte Haus aus dem 16. Jh. wird seit 1863 von der gleichen Familie bewirtschaftet. Die Speisekarte bietet vorzügliche regionale Gerichte und wechselnde Spezialitäten wie gefüllten Ochsenschwanz. Bei schönem Wetter sitzt man direkt am Narrenbrunnen.
Münsterplatz 24
Tel. 0 77 61/73 13
Di–Sa 12–14 und ab 18 Uhr
Mittlere Preisklasse (AE, DC, EC, Visa)

Schloßpark-Café ■ c 3
Geradezu südländisch mutet der Schloßpark an. Auf der sonnigen Terrasse des Schloßpark-Cafés trinkt man Kaffee mit Blick auf den Rhein und die alte Holzbrücke. Schöner geht's kaum.
TOPTEN 2
Mai–Sept. tgl. 11.30–21,
Fr bis 18 Uhr, bei Regen geschl.

Zur Sonne nördlich ■ a 1
Der Abstecher vom Bergsee aus hinauf zu diesem Ausflugslokal wird mit einem phantastischen Blick über den gemächlich dahinziehenden Rhein belohnt.
Günnebach (4 km vom Zentrum)
Di geschlossen
Untere Preisklasse

Einkaufen

Markt auf dem Münsterplatz ■ c 2
Bunter Wochenmarkt mit frischen Waren aus der Umgebung.
Mi und Sa bis 12 Uhr

Weinhandlung Gnädinger ■ b 2/c 3
Reichhaltiges Sortiment an edlen Tropfen, auch als Geschenk zurechtgemacht.
Spitalplatz 3
Mi nachmittag geschl.

Am Abend

Der Club nordöstlich ■ b 1
Mitten im Wald liegt die Musikkneipe mit Disko, wo bis in die Morgenstunden Stimmung ist.
Rippolinger Str., nach ca. 1 km rechts ab
Tgl. 19–4 Uhr

Warteck ■ b 2
Sympathische Kneipe am Rand der Altstadt.
Schützenstr. 24
Mo–Fr 15–1, So 17–1 Uhr

Service

Auskunft
Kurverwaltung ■ c 1
Waldshuter Str. 20
79713 Bad Säckingen
Tel. 0 77 61/5 68 30, Fax 56 83 17

Bäder
Kurmittelhaus nördlich ■ b 1
Thermal- und Mineralbäder.
Bergseestr. 59
Mo–Fr 9–22, Sa/So 9–20 Uhr

Waldbad nördlich ■ b 1
Beheiztes Freibad im Grünen.
Eggbergstraße
Mitte Mai–Mitte Sept.
Tgl. 9/10–19/20 Uhr

Post ■ c 1
Waldshuter Str. 28
Mo–Fr 8.30–12 und 14–18,
Sa 8.30–12 Uhr

Rheinschiffe
Hochrheinpionier
Ab Obersäckingen flußaufwärts nach Hauenstein.
So und feiertags 14 Uhr,
Rückkehr 17.10 Uhr
Fahrpreis Erwachsene 16 DM,
Kinder 9 DM
Trompeter
Ab Schloßpark flußabwärts nach Schwörstadt.
So, feiertags, Di und Do 14.30 Uhr,
Rückkehr 17 Uhr
Fahrpreis Erwachsene 15 DM,
Kinder 8 DM

Verkehrsverbindungen
Bahnauskunft
Tel. 0 77 61/1 94 19
Busauskunft
SüdbadenBus GmbH, neben dem Bahnhof.
Tel. 0 77 61/1 94 49
Taxi
Tel. 0 77 61/33 33

Ziele in der Umgebung

Erdmannshöhle ■ B 10

Kalte Luft schlägt dem Besucher aus der beim Dörfchen **Hasel** gelegenen einzigen Tropfsteinhöhle des Schwarzwalds entgegen. Entdeckt wurde die Höhle 1753. Sie ist bequem zu begehen und wird von einem unterirdischen Bach durchflossen. Hier unten hausen der Legende nach »Erdmännli« und »Erdwiebli«. Wenn während der Ernte oder des Kirchgangs die Häuser leer waren, erledigten sie heimlich dringende Arbeiten in Haus und Hof. Doch seit einige vorwitzige Jungen versucht haben, sie aufzuspüren, meiden sie die Oberwelt. In dem Höhlensystem mit verschiedenen Räumen, z. B. dem »Rittersaal«, dem »Sarkophag« oder dem »Kleinen Tempel«, gibt es u. a. den über 4 m hohen und über eine Mio. Jahre alten »Rekord-Tropfstein« zu sehen. März feiertags 9–12, 13–17, April, Mai, Sept., Okt. tgl. 13–17, Sa, So auch 9–12, Juni–Aug. tgl. 9–12, 13–17 Uhr
Verkehrsverbindung: Bus Nr. 7335

Höchenschwand ■ C 9

2300 Einwohner

Über 1000 m hoch liegt der heilklimatische Kurort mit seinen insgesamt zehn Ortsteilen. Damit ist er der höchstgelegene des gesamten Schwarzwalds. Seine Ursprünge liegen in einem Bruderhof des Klosters St. Blasien. An klaren Tagen scheinen die Alpen zum Greifen nah zu sein. Das Hochplateau bietet überdurchschnittlich viele Sonnentage, sehr gute Wintersportmöglichkeiten und viele schöne Spazierwege.
Verkehrsverbindung: Bahn bis Waldshut, weiter mit Bus Nr. 7322

Hotzenwald ■ C 10/D 10

»Hotzen« wurden im ausgehenden Mittelalter die Bewohner des dichten Waldgebietes im Nordosten Bad Säckingens zwischen Wehra, Rhein und Schlücht genannt. Seit Mitte des 19. Jh. heißt das von vielen Schluchten durchzogene Gebiet

Die einst für den Hotzenwald typischen strohgedeckten Häuser sind leider selten geworden.

allgemein Hotzenwald. Hier gibt es keine großen Siedlungen, viele der Weiler wie **Atdorf, Hübel** oder **Etzwihl** bestehen nur aus wenigen, vereinzelt stehenden Höfen.

Schon im 15. Jh. erkannten die Hotzenwälder, daß Einigkeit stark macht, und bildeten »Einungen«, selbstverwaltete Bezirke mit demokratisch gewählten Führern. In den Salpetererkriegen (1726–1748) kämpften diese Einungen für die Befreiung aus der Leibeigenschaft und die Unabhängigkeit vom mächtigsten Gutsherrn der Gegend, dem Kloster St. Blasien. Erst im 19. Jh. waren die Unruhen endgültig beendet.

Heute sucht und findet der Urlauber hier vor allem Ruhe und Natur. Die wildromantischen, unter Naturschutz stehenden Täler von Schwarza, Schlücht und Alb sind ebenso reizvoll wie die Hochmoorlandschaften des Ibacher und des Tiefenhäuserner Moors oder die Rosenblüte in Nöggenschwiel. Wahrzeichen des Hotzenwaldes ist der »Alte Hotz«, der kantige Kirchturm von Laufenburg-Hochsal, in dem Kaspar Hauser eingesperrt gewesen sein soll.

Laufenburg

■ C 10/C 11

8000 Einwohner

Aus einer Säckinger Klosterburg entstand das malerische Städtchen, dessen größter Teil auf schweizerischer Seite liegt. Wer an einen pingeligen Grenzbeamten gerät, muß beim Bummel über die Rheinbrücke den Ausweis bereithalten. Der Ort, der von schönen alten Bürgerhäusern entlang des Rheins geziert wird, war im Mittelalter für seinen Lachsreichtum bekannt. 1908 bis 1914 wurden die Stromschnellen (mittelhochdeutsch = Laufen) gesprengt, da sie der Schiffahrt hinderlich waren.

Die mittelalterliche Burg der Grafen von Habsburg, die im Dreißigjährigen Krieg schwer beschädigt wurde, ist nur noch als Ruine erhalten. Ein Tip: Lassen Sie Ihren Wagen vor dem Ort stehen, wenn Sie nicht in der schmalen Durchfahrtsstraße steckenbleiben wollen.

Verkehrsverbindung: Bahn

Laufenburg wirkt noch immer sehr mittelalterlich – die alten Bürgerhäuser entlang des Rheins, Türmchen, Brunnen ...

St. Blasien ■ C 9

4200 Einwohner

Rom, Florenz, St. Blasien – für die Bewohner des im Albtal gelegenen Kurorts ist das eine ganz logische Reihenfolge. Schließlich lebt St. Blasien nicht nur von seinen Gästen, die sich durch Klima und Kneippkuren kurieren lassen wollen, sondern auch von dem Ruf, die Kirche mit der drittgrößten Kuppel Europas zu besitzen. Schon von weitem sieht man sie hellgrün vor dem Hintergrund der dunklen Tannen leuchten.

Mit ganz bescheidenen mönchischen Einsiedlern hatte um 800 die Geschichte des ehemaligen **Benediktinerklosters** begonnen. Nach etlichen Zerstörungen und Neuaufbauten entstand 1772 bis 1781 der frühklassizistische Dom, der Architekt Michel d'Ixnard ließ sich dabei vom römischen Pantheon inspirieren. Das einst so mächtige Kloster wurde 1806 aufgehoben, in den Gebäuden eine Fabrik eingerichtet. Seit 1934 wird die Anlage als Jesuitenschule genutzt. Im fast schon steril restaurierten Dom finden jährlich die Internationalen Sommerkonzerte (→ Feste und Festspiele, S. 33) statt.

Auch das heutige Amtsgerichtsgebäude mit einer der schönsten Sonnenuhren Süddeutschlands gehörte einst zum Kloster. Zur Gemeinde St. Blasien zählt auch der nördlich gelegene Ortsteil Menzenschwand, der sich in einem langgezogenen Tal bis zum Feldberg erstreckt. Hier wurde bis 1990 noch Uran abgebaut. Auch das Tal der Alb, die sich auf ihrem Weg Richtung Rhein durch eine Schlucht stürzt, ist sehenswert.

Verkehrsverbindung: Bahn bis Waldshut oder Seebrugg, von dort weiter mit dem Bahnbus

Schopfheim ■ B 10

17 500 Einwohner

Im Tal des Flüßchens Wiese, von J. P. Hebel als des »Feldbergs liebligi Tochter« beschrieben, liegt diese 807 erstmals erwähnte Stadt. Die wirtschaftliche Vormachtstellung, die sie im Mittelalter durch das Salzmonopol erworben hatte, erhielt sich bis in die Zeit der Industrialisierung. Der Name des Ortes war ein Symbol

MERIAN-TIP

Zu welcher Jahreszeit Sie auch immer in die **Alte Stadtmühle** kommen, ein romantischer Abend ist Ihnen garantiert. An milden Sommertagen sitzt man im kleinen Garten; wenn es kühler wird, verbreitet der offene Kamin in den stilvoll eingerichteten Räumen und im Wintergarten Gemütlichkeit. Serviert werden marktfrische Speisen, vor allem Fisch und Wild. Entegaststr. 9, 79650 Schopfheim, Tel. 0 76 22/24 46, Do–Mo 11.30–14 und ab 17.30, Di nur 11.30–14 Uhr, Mittlere Preisklasse ■ B 10

für die Macht des Geldes im Schwarzwald. So richtete sich der Unmut des Revolutionärs Hecker und seiner Gefährten während der Revolution von 1848 wortwörtlich gegen »die Schopfheimer und die Geldsäcke«. Der damalige Wohlstand wird bis heute an etlichen Häusern der schönen verkehrsberuhigten Altstadt deutlich. In ihrem Zentrum steht die gotische Kirche **St. Michael** mit Malereien aus dem 15. Jh.

Eine seltsame Sehenswürdigkeit ist der sagenumwobene **Eichener See** auf dem Dinkelberg, der sich in unregelmäßigen Abständen bildet (in letzter Zeit meist im Januar) und nach etlichen Wochen oder Monaten wieder verschwindet.

Essen und Trinken

Alte Stadtmühle
→ MERIAN-Tip, S. 57

Sonne
Frische, regionale Küche in rustikalem Ambiente.
Wallstr. 1
Tel. 0 76 22/83 48
Tgl. 10–1 Uhr
Mittlere Preisklasse

Vogelpark Wiesental ■ B 10

→ Mit Kindern unterwegs, S. 25

Waldshut-Tiengen ■ D 10

24 000 Einwohner

Vier Flußtäler – des Rheins, der Steina, der Schlücht und der Wutach – treffen hier zusammen und machen die Doppelstadt zum Ausgangspunkt vielseitiger Touren im Klettgau. Die beiden ausgesprochen sehenswerten Städtchen wurden 1973 zur Großen Kreisstadt zusammengefügt. Waldshut, wie Säckingen und Laufenburg eine Habsburger Gründung, bezaubert vor allem mit den vielseiten Dachgauben und Scheingiebeln seiner schweizerisch anmutenden Altstadthäuser und mit der schönen Rheinuferpromenade. Mit einem kleinen Fährboot kann man sich über den Fluß hinüber in die Schweiz schippern lassen.

Das landeinwärts gelegene Tiengen hat neben seinen verwinkelten mittelalterlichen Gassen das Schloß der Fürsten von Schwarzenberg und eine Barockkirche zu bieten. Das im 16. Jh. vollendete Schloß wurde im Dreißigjährigen Krieg niedergebrannt, aber danach in alter Gestalt wiederaufgebaut.
Verkehrsverbindung: Bahn

Museum

Klettgau-Museum
Die Geschichte Tiengens und des Klettgaus, der Region zwischen Wutach und Schaffhausen, wird hier lebendig.
Tiengener Schloß
April–Okt. Do 16–18, So 11–12 Uhr

Weil am Rhein ■ A 10

28 000 Einwohner

Am nördlichen Rand der Grenzstadt im Dreiländereck finden Architekturfreunde ein ungewöhnliches Gebäude: das von Frank O. Gehry entworfene **Vitra Design Museum** mit Ausstellungen zur Entwicklung des modernen Möbeldesigns – ein ästhetisches Vergnügen, zu dem auch die Bauten im Umfeld des Museums gehören.
Charles-Eames-Str. 1
Di–Fr 14–18, Sa, So und feiertags 11–17 Uhr

Die Klosterkirche St. Blasien erinnert an den römischen Pantheon.

Vorsicht Idylle! Freiburg im Breisgau ist eine der verführerischsten Städte Deutschlands. So mancher, den Heidelberg kalt ließ, hat hier sein Herz verloren.

Freiburg im Breisgau

■ B 7/B 8

200 000 Einwohner
Stadtplan → Umschlag Rückseite

Im Tal der Dreisam läßt es sich gut leben. Die Schwarzwaldmetropole wurde nicht nur 1992 zur »Bundeshauptstadt für Natur- und Umweltschutz« ernannt, sondern 1993 von US-Städteplanern auch zur »besonders lebenswerten Stadt«. Freiburg hat geschafft, wovon andere Städte träumen: Es verbindet kleinstädtischen Charme mit der weltoffenen Atmosphäre des Dreiländer-Ecks, beschauliches Wohlstandsbürgertum mit politischer Aufmüpfigkeit, naturnahes Wohnen mit kultureller Betriebsamkeit.

Sehenswerte Altstadt

Bei einem Bummel durch die Altstadt, aus der Straßenmusikanten und Jongleure noch nicht vertrieben wurden, und über den üppig-bunten Markt zu Füßen des berühmten Münsters mag man fast noch an eine heile Welt glauben. Doch alemannische Dickköpfigkeit, gepaart mit dem Protestpotential einer Universitätsstadt, hat schon für allerlei Unruhe gesorgt: Die Stadt erlebte in den siebziger Jahren den Kampf gegen das AKW Wyhl, in den Achtzigern eine höchst aktive Hausbesetzerszene und in den Neunzigern den letztendlich vergeblichen Protest gegen den Ausbau der B 31 im Dreisamtal.

Von Anfang an übten die Freiburger den Widerstand. Unter den Zähringer Herzögen, die um 1120 die Stadt gründeten, genossen sie so manche Privilegien. Mit den nachfolgenden Grafen gab es jedoch Streit, so daß sich die Bürger 1368 loskauften und sich lieber den Habsburgern unterstellten. Bis 1803 war die Stadt österreichisch, unterbrochen durch die französische Besatzung 1677 bis 1697. Schwere Zeiten erlebte Freiburg 1944, als bei einem Luftangriff 80 Prozent der Stadt zerstört wurden. Doch mit viel Sorgfalt wurde Historisches rekonstruiert. »Von allen Städten, die ich auf der Reise bisher sah, gefällt mir Freiburg im Breisgau am besten«, schrieb 1818 Dorothea Schlegel an ihren Mann Friedrich, und auf mancher Postkarte wird wohl auch heute noch Ähnliches stehen.

Ein Meisterwerk der Gotik: Der 116 Meter hohe Münsterturm überragt die Stadt Freiburg.

Hotels/andere Unterkünfte

Colombi-Hotel ■ b 1
Der Chef des Hotels wurde 1994 zum »Hotelier des Jahres« gekürt. Hallenschwimmbad, Junior-Suiten und drei hervorragende Restaurants, deren Küche mit einem Michelin-Stern ausgezeichnet wurde, gehören zum Angebot.
Rotteckring 16
Tel. 07 61/2 10 60, Fax 3 14 10
128 Zimmer
Luxusklasse (AE, DC, EC, Visa)

Gästehaus Zur Sichelschmiede ■ c 3
Mitten auf der lauschigen Insel in der Altstadt. Das Haus (von 1460) hat auch eine Gartenwirtschaft. Idyllischer geht's kaum.
Insel 1
Tel. 07 61/3 50 96, Fax 3 12 50
6 Zimmer
Mittlere Preisklasse (EC, Visa)

Markgräfler Hof ■ b 2
In dem schönen Gebäude aus dem 15. Jh. wohnt man mitten in der Altstadt und hat eins der besten Freiburger Restaurants im Hause.
Gerberau 22
Tel. 07 61/3 25 40, Fax 2 96 49 49
15 Zimmer
Obere Preisklasse (AE, DC, EC, Visa)

Zur Tanne westlich ■ a 3
Der im Ortsteil Opfingen am Tuniberg gelegene schöne Gasthof aus dem 18. Jh. ist besonders zur Spargelzeit beliebt. Es werden sehr einfache, aber auch sehr komfortabel ausgestattete Räume in verschiedenen Preisklassen angeboten. Westlich der Autobahn, 10 km vom Zentrum gelegen
Altgasse 2
Tel. 0 76 64/18 10, Fax 53 03
10 Zimmer
Mittlere Preisklasse (EC)

Spaziergang

Wer beim Stadtbummel nicht aufpaßt, holt sich in den »Bächle« nasse Füße. Die 8 km langen Mini-Kanäle, die die Stadt durchziehen, wurden im Mittelalter zur Brandbekämpfung und Straßenreinigung angelegt. Aber auch wegen der schönen Pflasterung der Bürgersteige mit farbigen Rheinkieseln lohnt der Blick nach unten.

Ausgangspunkt des Spaziergangs ist der **Münsterplatz**, mit Münster, Wochenmarkt und Straßencafés die Hauptattraktion der Stadt. An der Südseite fallen das rote **historische Kaufhaus**, das barocke **Haus zum Ritter**, 1756 für die Breisgauische Ritterschaft erbaut, sowie das **Wentzingerhaus** mit dem Museum für Stadtgeschichte auf. Nördlich des Münsters wurde das **Kornhaus** von 1498 rekonstruiert, das als Kornspeicher, Tanzsaal und Metzig (Schlachthaus) genutzt wurde.

An der Südostseite der Kirche gelangt man – vorbei an der **Alten Wache**, die zum **Haus der Badischen Weine** umgebaut wurde – zur Herrenstraße. Versteckt hinter Kastanienbäumen liegt hier die kleine **Konviktskirche** von 1826 und daneben der neoromanische Klotz des **Erzbischöflichen Ordinariats** (1903). Durch die Münzgasse, wo bis 1738 Münzen geprägt wurden, geht es zur Konviktstraße, die als gelungenes Beispiel für Altstadtsanierung preisgekrönt wurde. Rechts hoch erreicht man die Straße Oberlinden mit dem **Hotel Bären**, das sich rühmt, Deutschlands ältester Gasthof (seit 1120) zu sein. Hinter dem **Schwabentor** aus dem 13. Jh. geht es rechts hinunter zur malerischen Insel, die von Gewerbekanälen umgeben ist. Sie trieben einst die Mühlen der Edelsteinschleifer und Gerber an und speisen heute noch die Bächle. Hier laden Weinstuben und – ein paar Meter die Gerberau hoch neben der **Alemannischen Bühne** – der Biergarten der Brauerei Feierling zu einer Pause im Grünen ein. Der große **Augustinerplatz** ist an Sommerabenden ein beliebter Treffpunkt. Rechter Hand befindet sich das ehemalige **Kloster**, seit 1923 Museum, links das **Museum für Natur- und Völkerkunde**. Die Fischerau, einstige Wohnstraße der Fischer, führt am Kanal entlang zum **Martinstor**. Dahinter ist die Kaiser-Joseph-Straße – Freiburgs Einkaufsmeile, die im Mittelalter »Große Gaß« hieß – für Autos gesperrt. Trotz der Nachkriegsbebauung wirkt die Straße mit ihren Arkadengängen recht einladend. Der einem der Stadtgründer gewidmete Bertoldsbrunnen markiert die Kreuzung zweier Handelswege, die älter sind als die Stadt selbst. In der Bertoldstraße geht es an der **Alten Universität** vorbei. Hinter der barocken **Universitätskirche** führt die Brunnenstraße auf die Rathausgasse. Rechts erreicht man den **Rathausplatz** mit **altem** und **neuem Rathaus**, der **Martinskirche** sowie Resten des ehemaligen **Franziskanerklosters**.

Unser Weg führt hinter der **Martinskirche** durch die Franziskanerstraße, wo rechts das dunkelrote **Haus zum Walfisch** (1514–1516) mit seinem goldverzierten spätgotischen Portalerker auffällt. Erasmus von Rotterdam, der 1529 von der Reformation aus Basel vertrieben worden war, lebte hier zwei Jahre lang. In der Kaiser-Joseph-Straße, auf die man nun wieder gelangt, ist links der **Basler Hof** (um 1500) zu sehen, ehemaliges Exil des Basler Domkapitels.

Wer nach soviel Stadtgeschichte die Übersicht verloren hat, kann nun noch den **Schloßberg** erklimmen.

Sehenswertes

Adelhauser Neukloster ■ c 3
Als Ersatz für die in Adelhausen, im heutigen Stadtteil Wiehre gelegenen Klöster der Dominikanerinnen, die durch Krieg und Festungsbau zerstört wurden, entstand ab 1687 dieses Kloster. Das Innere der ansonsten schlichten Kirche (1684–1697) wird von drei großen Barockaltären dominiert.
Gerberau 32

Alter Friedhof nördlich ■ d 1
Viel Ruhe unter hohen Bäumen bietet der schöne, 1683 angelegte Friedhof nördlich der Altstadt.
Karlstraße

Colombischlößle ■ b 1
Im Colombipark, der auf der 1745 geschleiften Vaubanschen Festung angelegt wurde, liegt die für Gräfin de Zea Bermudez y Colombi 1859 bis 1861 im englisch-neugotischen Stil errichtete Villa. Südlich des Schlößchens, das heute das Museum für Ur- und Frühgeschichte beherbergt, zeugt ein kleiner Weinberg davon, daß hier einmal der Weinbau kultiviert wurde.
Rotteckring 5
Di–Fr 9.30–17, Sa und So 10.30–17 Uhr

Historisches Kaufhaus ■ c 2
In dem dunkelroten Bau (1520–1532) befand sich bis ins 19. Jh. der Sitz der städtischen Markt-, Zoll- und Finanzverwaltung. Der Wappenschmuck an den Erkern und die vier Statuen habsburgischer Herrscher über der Balustrade zeugen von der engen Bindung an Österreich. Der schöne Innenhof wird u. a. beim sommerlichen Weinfest genutzt; im Kaufhaussaal finden regelmäßig Konzerte statt.
Münsterplatz 24–26

Münster c 2

Als »schönsten Turm der Christenheit« bezeichnete im 19. Jh. der Kulturhistoriker Jacob Burckhardt den 116 m hohen Münsterturm, und wenn die Abendsonne durch das filigrane Maßwerk scheint, kann der Betrachter kaum an diesem Urteil zweifeln.

Die lichte, durchbrochene Konstruktion, die durch verborgene Eisenanker ermöglicht wird, ist nicht nur ein Höhepunkt gotischer Baukunst, sie schützte den Turm auch vor den Druckwellen während der Bombenangriffe 1944. Dennoch waren Mitte der neunziger Jahre umfangreiche Restaurierungsarbeiten notwendig geworden. Bereits um 1200 wurde mit dem Bau des **Münsters Unserer Lieben Frau** als Grablege der Zähringer Herzöge begonnen; erst 300 Jahre später waren die Arbeiten beendet. Aus romanischer

TOPTEN 5

Zeit ist noch das Querhaus erhalten; schon beim Langhaus macht sich der von Frankreich ausstrahlende neue Stil der Gotik bemerkbar. Die schönen Apostelfiguren an den Pfeilern des Mittelschiffs und der Skulpturenschmuck der Turmvorhalle (um 1300) gehören noch zur ursprünglichen Ausstattung. Der prächtige Hochaltar (1512–1516) stammt aus der Werkstatt Hans Baldung Griens. Wappen der Freiburger Zünfte und Patrizier verzieren die Fenster.

Über eine enge Wendeltreppe und vorbei an der Hosanna, einer der ältesten Glocken Deutschlands (1258), gelangt man auf den Turm und wird mit einem phantastischen Ausblick belohnt.

Rathausplatz mit Martinskirche b 1

Ein beliebter Ruhepol im Einkaufstrubel. Das **Neue Rathaus**, von dessen Türmchen täglich um 12 Uhr ein Glockenspiel erklingt, entstand 1896 bis 1902 durch den Umbau zweier Renaissancehäuser, die bis 1774 als Universitätsgebäude gedient hatten. Das 1556 bis 1561 erbaute **Alte Rathaus** schließt sich nördlich an. Dahinter (über die Turmstraße zu erreichen) wurde die schon vor 1303 errichtete **Gerichtslaube**, in der auch das Stadtgericht tagte, rekonstruiert. 1498 wurde hier der Reichstag abgehalten. Die drei Rathäuser können nicht von innen besichtigt werden.

Östlich wird der Platz von einem Teil des ehemaligen **Franziskanerklosters** begrenzt. Zu dem ab 1262 errichteten Kloster gehörte auch die in schlichter Bettelordenarchitektur gehaltene **Martinskirche**. Seit 1853

Das Martinstor stammt aus der Zähringerzeit (um 1210).

erinnert ein Denkmal auf dem Platz an Berthold Schwarz. Der Mönch hat im 14. Jh. bei dem Versuch, Gold herzustellen, angeblich aus Versehen das Schießpulver erfunden.

Schloßberg ■ d 1

In wenigen Minuten mit der kleinen Seilbahn vom Stadtgarten aus oder aber nach einem halbstündigen Fußweg erreicht man den »Gipfel« des Schloßbergs und kann den Blick über die zwischen Hügeln eingebettete Stadt genießen.

Ein Stück in südlicher Richtung liegt der **Kanonenplatz**, einst Teil der mächtigen Festung, die im Auftrag des Sonnenkönigs angelegt wurde und Freiburg bis 1745 schützte.

Stadttore ■ c 3 und ■ b 2

Von den Wehr- und Tortürmen aus dem frühen 13. Jh. blieben im Südosten der Altstadt das **Schwabentor** und im Südwesten das **Martinstor** erhalten. Um 1903 wurden beide aufgestockt. Das Schwabentor trägt auf seiner Rückseite ein Bild des hl. Georg, des Schutzpatrons der Stadt. Es beherbergt ein kleines Zinnfigurenkabinett, in dem historische Szenen nachgestellt werden.

Universität mit Jesuitenkirche ■ b 1/b 2

Die Alte Universität in der Bertoldstraße entstand zusammen mit der barocken Kirche ab 1682; in der Kirche überrascht die ungewöhnliche Christusstatue von Franz Gutmann (geb. 1928).

Gleich um die Ecke am stark befahrenen Rotteckring kann man das Jugendstilgebäude (Kollegiengebäude I) der Neuen Universität sehen, daneben die »Liegende Figur«, eine Skulptur von Henry Moore aus dem Jahr 1954.

Museen

Augustinermuseum ■ c 2

Freiburgs größtes Museum ist im ehemaligen Kloster der Augustiner-Eremiten (errichtet um 1300, im 18. Jh. umgebaut) untergebracht. Neben Gemälden von Lukas Cranach, Matthias Grünewald und Hans Baldung Grien werden auch Werke badischer Maler sowie Kunsthandwerk mit dem Schwerpunkt Glasmalerei gezeigt. Besonders schön sind die Originalskulpturen und Glasmalereien aus dem Münster, die man hier aus der Nähe betrachten kann.
Augustinerplatz/Salzstr. 32
Di–So 10–17 Uhr

Der Habsburger Kaiser Maximilian I. (1493–1519) hatte eine Vorliebe für sein Freiburg – hier seine Büste in der Gauchstraße.

Freiburger Fasnet-Museum im Zunfthaus der Narren ■ b 1
Eine bunte Sammlung zur Geschichte der Freiburger Fasnet, die bis ins Mittelalter zurückreicht, wird in dem Haus aus dem 16. Jh. ausgestellt.
Turmstr. 14
Sa 10–14 Uhr und nach Vereinbarung (Tel. 2 26 11)

Museum für Natur- und Völkerkunde ■ c 3
Im naturkundlichen Museum ist neben den Sammlungen zur Geologie, Flora und Fauna des Schwarzwalds vor allem das Edelsteinkabinett sehenswert. Das Völkerkundemuseum zeigt eine faszinierende Sammlung von Objekten außereuropäischer Kulturen. Sie gehört zu den bedeutendsten ihrer Art in Südwestdeutschland.
Gerberau 32
Di–Fr 9.30–17,
Sa und So 10.30–17 Uhr

Museum für Neue Kunst ■ c 3
Klassische Moderne u. a. von Arp, Dix und Macke sowie zeitgenössische Werke.
Marienstr. 10 a
Di–Fr 9.30–17,
Sa und So 10.30–17 Uhr

Museum für Stadtgeschichte/ Wentzingerhaus ■ c 2
Im barocken Wohnhaus Johann Christian Wentzingers (1710–1797) sind seit 1993 Exponate zur Geschichte Freiburgs zu sehen. Höhepunkt der Ausstellung ist das Modell der Münsterbaustelle, das mit liebevoll gestalteten Zinnfiguren die Arbeit am Münster um 1270 sowie mittelalterliches Leben nachstellt. Von den Werken Wentzingers verdient die Skulpturengruppe »Vier Jahreszeiten« besondere Beachtung.
Münsterplatz 30
Di–Fr 9.30–17, Sa und So 10.30–17 Uhr

Essen und Trinken

Colombi-Hotel ■ b 1
Drei Restaurants mit jeweils eigenem Charakter. Das Essen ist jedoch in jedem Fall ganz hervorragend und mit einem Michelin-Stern ausgezeichnet.
Rotteckring 16
Tel. 2 10 60
Luxusklasse (AE, DC, EC, Visa)

Markthalle ■ b 2
Auf 1200 qm kann man sich an den Imbißständen einmal rund um die Welt futtern, von afghanisch über italienisch bis mexikanisch.
Kaiser-Joseph-Str. 237/Grünwälderstr. 4, beim Martinstor
Geöffnet zu den Geschäftszeiten

Schloßbergrestaurant Dattler östlich ■ d 1
Gute regionale und internationale Küche mit Blick über die Stadt.
Am Schloßberg 1
Tel. 07 61/3 17 29
Mi–Mo 9–24 Uhr
Mittlere Preisklasse (AE, DC, EC, Visa)

Waldsee südöstlich ■ d 3
Das Lokal im Osten der Stadt bietet nicht nur eine vielseitige Speisekarte, sondern gelegentlich auch Jazz- und Blueskonzerte sowie ein Freiluftkino. Mit Terrasse direkt am See.
Waldseestr. 84
Tel. 07 61/7 36 88
Tgl. 11–24 Uhr
Untere Preisklasse

Wiehre Bahnhof südlich ■ c 3
Dieses gemütlich und originell eingerichtete Restaurant hat absolut

Vor dem Freiburger Münster findet an sechs Tagen in der Woche Markt statt.

FR·K 1655

nichts von der üblichen Tristesse einer gewöhnlichen Bahnhofsgaststätte.
Gerwigplatz 20
Tel. 07 61/7 55 58
So–Fr 12–14 und 17.30–24 Uhr
Mittlere Preisklasse

Einkaufen

Daß Freiburg Einkaufsmetropole für das Umland ist, zeigt sich an einer Vielzahl von Geschäften rund um die Kaiser-Joseph-Straße und in den modernen Passagen.

Haus der Badischen Weine ■ c 2
In der Alten Wache am Münsterplatz werden ausgewählte badische Weine, Sekt, Erlebnisweinproben und Weinseminare angeboten.
Münsterplatz 38
Mo 14–19, Di–Fr 11–19, Sa 9–15 Uhr

Konvikt-Antik ■ c 2
Eine Fundgrube für Liebhaber alter Uhren.
Konviktstr. 16

Markt auf dem Münsterplatz ■ c 2
→ MERIAN-Tip, S. 23

Unterm Regenbogen Naturwaren ■ c 2
Spielzeug, Kleidung und Lederwaren, ganz ökologisch
Herrenstr. 45

Am Abend

Neben der Altstadt bietet besonders der jenseits des Bahnhofs gelegene Stadtteil Stühlinger eine rege Kneipenszene. Diskos findet man vor allem rund ums Martinstor. Ein äußerst lebendiger Treffpunkt ist an Sommerabenden der Augustinerplatz, wo Straßenmusikanten, Theatergruppen und Jongleure ihr Publikum fesseln.

Agar ■ b 2
Helle, große Disko, mittwochs und donnerstags Hits der siebziger und achtziger Jahre.
Löwenstr. 8
Tgl. außer Mo ab 22 Uhr

Blue Monday südöstlich ■ d 3
Etwas außerhalb im Wald gelegene Blueskneipe mit Biergarten,

Ein beliebter Treffpunkt an Sommerabenden: der Augustinerplatz.

SC-Spielen auf Großbildleinwand, an Wochenenden meist Live-Musik.
Waldseestr. 86
Mo–Fr 17–1, Sa 14–1, So 10–1, feiertags 12–1 Uhr

Freiburger Theater ■ a 2
Die Städtischen Bühnen bieten nicht nur Theater-, sondern auch Opernvorstellungen.
Bertoldstr. 46
Theaterkasse Tel. 07 61/3 48 74

Jazzhaus westlich ■ a 2
Das Kellergewölbe hat Freiburg zu einer Jazz-Hochburg gemacht; aber auch für andere Musiksparten hat man hier ein offenes Ohr.
Schnewlinstr. 1

Vorderhaus nördlich ■ c 1
Veranstaltungskneipe mit vielseitigem Kabarett-, Theater- und Musikangebot.
Habsburgerstr. 9

Service

Auskunft

Freiburg-Information ■ b 1
Neben den üblichen Informationsbroschüren werden auch Stadt- und Münsterführungen sowie Kunstspaziergänge angeboten.
Rotteckring 14
79098 Freiburg
Tel. 07 61/3 88 18 80, Fax 3 70 03
(Zimmerreservierung)
Mo–Fr 9.30–18, Sa 9.30–14, So 10–12 Uhr

Bäder

Eugen-Keidel-Bad südwestlich ■ a 3
Mineral- und Thermalbad.
An den Heilquellen 4

Lorettobad südwestlich ■ b 3
Freibad mit einem für Frauen reservierten Badebereich.
Lorettostr. 51a

Viele Freiburger Lokale laden zum Draußensitzen ein.

Strandbad östlich ■ d 3
Sehr schön im Dreisamtal gelegenes Freibad.
Schwarzwaldstr. 195

Post

Hauptpostamt ■ a 1
Eisenbahnstr. 58
Mo–Fr 8.30–18.30, Sa 8.30–14 Uhr

Veranstaltungskalender

»Freiburg aktuell« erscheint monatlich und liegt kostenlos in vielen Hotels und Gaststätten aus.

Verkehrsverbindungen

Bahnauskunft
Tel. 07 61/1 94 19

Busse
Der Zentrale Busbahnhof liegt direkt beim Bahnhof.

Fahrplanauskünfte
Südbaden Bus
Tel. 07 61/3 61 72

Taxi
Taxi-Zentrale Tel. 07 61/4 44 44

Ziele in der Umgebung

Badenweiler ■ B 9

3600 Einwohner

Thermalquellen sind seit fast 2000 Jahren das Kapital des kleinen Ortes im Markgräflerland. Der römische Kaiser Vespasian (69–79) ließ die Bäder erbauen, deren Ruinen bis heute im »englischen« **Kurpark** zu sehen sind. Doch auch die späteren Bauten können sich sehen lassen. So das klassizistische **Markgrafenbad**, das heute ebenso Teil der 1994 eingeweihten **Cassiopeia Therme** ist wie das Schwimmbad im **Glaspalast**. Neben der herrlichen Umgebung mit dem Ausflugsberg **Blauen** sorgen zahlreiche Sportangebote für Abwechslung.
Verkehrsverbindung: Bahn bis Müllheim, weiter mit Bus Nr. 111

Bad Krozingen ■ B 8

13 800 Einwohner

Im Markgräflerland, zu Füßen des Schwarzwalds, liegt das beliebte Thermalbad mit seinem Schloß aus dem 16. Jh. Ein Kleinod ist die über 1000 Jahre alte **Glöcklehofkapelle** in Ober-Krozingen. Sie birgt Wandmalereien aus dem 10. Jh.
Verkehrsverbindung: Bahn

Belchen ■ B 9

Nach dem Feldberg ist der Belchen (1414 m) der zweithöchste Gipfel des Schwarzwalds. Seine unbewaldete Kuppe wirkt nicht sehr einladend, doch hat man von dort oben einen unvergleichlichen Blick, der bis zum Montblanc reichen kann.
Verkehrsverbindung: Bus Nr. 72 15

Emmendingen ■ B 7

24 700 Einwohner

Einst markgräfliche Residenz, kann das Städtchen mit einem **Schloß** aus dem 16. Jh., einem schönen **Stadttor**, einem **Museumsbahnhof** und stattlichen barocken und klassizistischen Wohnhäusern aufwarten. Hier lebte Goethes Schwester Cornelia mit ihrem Mann Johann Georg Schlosser.

Am Zusammenfluß von Tennenbächle und Aubächle stand ab 1180 ein **Zisterzienserkloster**. Es wurde 1805 aufgehoben und zum Abbruch verkauft, so daß heute nur noch eine kleine Kapelle daran erinnert.
Verkehrsverbindung: Bahn

Museum

Museum im Markgrafenschloß
Neben einer Ausstellung zur Geschichte der Stadt bewahrt das

Johann Peter Hebel bezeichnete den Belchen als »erste Station von der Erde zum Himmel«.

Museum Erinnerungsstücke an Goethes Schwester Cornelia, die im Alter von 27 Jahren in Emmendingen starb.
So 14–17, 15. Mai–15. Okt. auch Mi 15–17 Uhr

Sehenswertes

Europa-Park Rust bei Ettenheim
→ MERIAN-Tip, S. 25
Verkehrsverbindung: Bahn

Feldberg ■ C 8

Der mit 1493 m höchste Schwarzwaldberg ist **das** Skizentrum des Südschwarzwalds. 26 Lifte führen zu unterschiedlich schweren Abfahrten, die längste ist immerhin 8 km lang. Außerdem stehen 90 km Langlaufloipen zur Auswahl. Die Spuren dieser alpinen Aktivitäten, z. B. eine völlig plattgewalzte Vegetation, sind wenig erfreulich und natürlich auch dann zu sehen, wenn die blankgerodete Kuppe nicht mit Schnee bedeckt ist. Aber die herrliche Fernsicht – bei gutem Wetter bis weit in die Alpen und hinüber auf die Vogesen – lohnt den Aufstieg bzw. die Fahrt mit dem Sessellift allemal.
Wetteransage: Tel. 076 76/12 14
Verkehrsverbindung: Bus Nr. 7215 bis Todtnau, dann Nr. 7300

Glottertal ■ C 7

Als 1985 die ersten Folgen der »Schwarzwaldklinik« über Deutschlands Bildschirme flimmerten, brach im beschaulichen Tal des Glotterbachs eine neue Zeit an. Von überall her strömten die TV-Fans zur Kurklinik Glotterbad, die als Filmkulisse gedient hatte.

Das »Klaus-Jürgen-Wussow-Brückle« am Fuß des Klinikberges ist geblieben, doch die Aufregung um die Fernsehserie hat sich mittlerweile wieder gelegt. So kann man in dem schönen Tal wieder in Ruhe wandern oder die einheimische Gastronomie in vollen Zügen genießen – bis zur nächsten Wiederholung der »Schwarzwaldklinik«.
Verkehrsverbindung: Bus Nr. 7205

Hexenloch ■ C 7/D 7

Hier vergißt man alles: den sauren Regen, das Waldsterben und den Stau, den man auf der B 31 hinter sich gelassen hat. Zwischen St. Märgen und Neukirch kann man den Schwarzwald von seiner schönsten Seite kennenlernen. Im Hexenloch plätschert der Heubach durch das üppig-grüne, schmale Tal. Die 1825 erbaute **Hexenlochmühle**, eine schindelgedeckte Sägemühle, wird schon in der vierten Generation betrieben.

Einkaufen

Hexenlochmühle
Von den Schwarzwalduhren, die neben würzigem Schwarzwälder Schinken in der Mühle verkauft werden, stammen einige aus eigener Produktion.
Mitte Dez.–Okt. je nach Jahreszeit tgl. 9.30–18.30 Uhr

Hinterzarten ■ C 8

2400 Einwohner

Mitten im Hochschwarzwald, auf 850 bis 1200 m Höhe gelegen, ist Hinterzarten ein rund ums Jahr beliebter Urlaubsort. Im Sommer kann man hier herrlich wandern. Im Winter locken Skilifte, Langlaufloipen, Rodel- und Eislaufbahn sowie – zum Zuschauen – die Adlerschanze, auf der der erfolgreiche Springer Dieter Thoma, der Neffe des einstigen Olympia-Idols Georg Thoma, zu

Hause ist. Wahrzeichen ist die in ihren Ursprüngen aus dem 15. Jh. stammende ehemalige **Wallfahrtskirche** mit einer Zwiebelkuppel von 1734.
Verkehrsverbindung: Bahn

Höllental ■ C 8

»Val d'Enfer«, Tal der Hölle, nannten die französischen Soldaten 1796 diese Schlucht auf ihrem Rückzug nach Westen. Aufgrund der vielen Autos, die sich täglich hier hindurchzwängen, besteht der Name wieder zu Recht. Ab dem Weiler Himmelreich müssen Höllenbach (Rotbach), Straße und Eisenbahn dicht zusammenrücken; beim **Hirschsprung** bis auf 20 m: Ein 2,50 m großer Bronzehirsch thront hier oben auf dem steilen Felsen; sein Vorbild soll einst auf der Flucht die – vor dem Straßenbau noch schmalere – Schlucht übersprungen haben.

Fern des Autoverkehrs kann man in der malerischen **Ravennaschlucht** wandern. Ausgangspunkt ist das Traditionsgasthaus **Hofgut Sternen.** Nur wenige Minuten entfernt liegt die 1148 geweihte Kapelle **St. Oswald,** die älteste Pfarrkirche und zugleich das älteste Bauwerk im Hochschwarzwald (Schlüssel im Hofgut Sternen). Der Gasthof war früher ein »Steigenwirtshaus«: Vor dem Bau der neuen Straße 1856 wurden hier die Vorspannpferde gemietet, die den Kutschen den steilen Weg hinauf (und hinunter) halfen. Teilweise waren bis zu acht Zugtiere nötig, um schwere Gefährte sicher hinaufzubringen. Der – manchmal etwas übervölkerte – Weg in die Ravennaschlucht führt unter dem 36 m hohen steinernen Eisenbahnviadukt hindurch und z. T. über Holzstege und -brückchen am rauschenden Ravennabach vorbei.
Bis zur **Großjockenmühle,** die von 1883 bis 1956 als Mehlmühle in Betrieb war, geht man kaum 30 Minuten.

Einkaufen

Waldglashütte Heinz Pichotta
Direkt neben dem Hofgut Sternen liegt diese Werkstatt, wo man dem Glasbläser beim Herstellen phantasievoller Figuren und Gefäße über die Schulter schauen kann.

Zu den allgemeinen Geschäftszeiten geöffnet, Verkauf auch am Wochenende.

Essen und Trinken

Hofgut Sternen
Traditionsgasthaus, das schon 1770 Marie-Antoinette auf ihrer Brautfahrt nach Paris und neun Jahre später Goethe als Quartier diente.
Breitnau/Höllsteig
79815 Titisee, Postfach 20 50
Tel. 0 76 52/9010, Fax 10 31
57 Zimmer
Obere Preisklasse (AE, DC, EC, Visa)
Verkehrsverbindung: Bahn bis Himmelreich oder Höllsteig

Kaiserstuhl ■ A 7/B 7

Zwischen Schwarzwald und Vogesen erhebt sich aus der Oberrheinebene ein auffälliger Gebirgsstock vulkanischen Ursprungs (ca. 16 x 12,5 km). Er entstand, als sich vor ca. 16 Mio. Jahren der Oberrheingraben absenkte. An der Bruchstelle zum Mittelgebirgszug des Schwarzwaldes drang Magma aus dem Erdinneren an die Oberfläche und formte diese »Felsinsel«. Seine Lage und eine bis

Die reizvolle Umgebung und zahlreiche Wander- und Wintersportmöglichkeiten machen Hinterzarten bei Touristen beliebt.

zu 20 m dicke Lößschicht machen ihn zu einem der besten und traditionsreichsten Weinbaugebiete Deutschlands: Die erste urkundliche Erwähnung des Rebenanbaus am Kaiserstuhl stammt aus dem Jahr 769. Bodentemperaturen bis zu 68 °C wurden hier schon gemessen.

Die Namen von Weinbaugemeinden wie Eichstetten, Bötzingen, Achkarren oder Ihringen sind weit über die Grenzen Badens hinaus bekannt. Auch als Wandergebiet (die Lößhohlwege gelten als Naturdenkmäler) haben der Kaiserstuhl und der südlich gelegene **Tuniberg** einen guten Ruf – nicht zuletzt wegen der Weinstuben in den umliegenden Dörfern. **Verkehrsverbindung:** Bahn oder Bus Nr. 72 11 bis Gottenheim, Ihringen oder Breisach

Kandel ■ C 7

Noch ein Ausflugsberg in der Nähe Freiburgs. Auch vom 1242 m hohen Kandel hat man bei klarem Wetter eine hervorragende Sicht von den Alpen über die Vogesen bis zur Schwäbischen Alb. Im Mittelalter galt er als »Schwarzwälder Blocksberg«, wo Hexen und Dämonen umgingen. Heute trifft man hier eher Drachenflieger, die sich von der eigens angelegten Schanze den Winden anvertrauen.

Lahr ■ B 5/B 6

42 000 Einwohner

Die Ursprünge der »Industriestadt im Grünen« – Lahr bildet den Mittelpunkt des Geroldsecker Landes – liegen in der im 13. Jh. erbauten **Tiefburg,** einer Wasserburg an der Schutter. Von der quadratischen Burganlage blieb nur der **Storchenturm** erhalten. Auch die **Stiftskirche** geht auf das 13. Jh. zurück, wurde allerdings 1874 bis 1878 umgebaut. Sehr sehenswert ist auch das **Alte Rathaus** (1608), ein bemerkenswerter Bau aus der Spätrenaissance.

Nur wenige Kilometer weit östlich liegt der unscheinbare Ortsteil **Reichenbach,** der seit Jahren Ziel von Feinschmeckern aus der ganzen Region ist.

Eines der traditionsreichsten Weinanbaugebiete Deutschlands: der Kaiserstuhl.

Hotels/Essen und Trinken

Höhenhotel Löwen-Geroldseck
Auf dem Bergrücken zwischen Kinzig- und Schuttertal liegt eines der ältesten Gasthäuser Deutschlands. Doch auch für den Gast von heute wird hier vorzüglich gesorgt, und der Blick aus den modern eingerichteten Zimmern bis weit hinunter ins Tal ist phantastisch.
77960 Seelbach-Schönberg
Tel. 0 78 23/20 44, Fax 55 00
23 Zimmer, 5 Appartements
Obere Preisklasse (AE, DC, EC, Visa)

Restaurant-Hotel Adler
Sogar Gourmet-Papst Wolfram Siebeck läßt sich in diesem gastronomischen Kleinod gelegentlich die von Küchenchef Otto Fehrenbacher zubereiteten Köstlichkeiten munden.
Reichenbacher Hauptstr. 18
Tel. 0 78 21/70 35, Fax 9 06 39 33
18 Zimmer
Obere Preisklasse (AE, DC, EC)
Verkehrsverbindung: Bahn bis Lahr, weiter mit Bus 106

Münstertal

B 8

Der Eingang zum Münstertal, dem »Tal der Hundert Täler«, wird seit dem 12. Jh. von der Burg der Herren von Staufen bewacht, wenn auch längst nur noch als Ruine. Zu ihren Füßen entwickelte sich das Städtchen **Staufen**, wo sich 1539 Dr. Johann Faustus bei dem Versuch, Gold herzustellen, in die Luft gesprengt haben soll. Doch die Gegend ist schon weitaus länger besiedelt. Um 604 zimmerte sich der irische Mönch Trudpert in dem Tal am Fuß des Belchen eine Einsiedelei; drei Jahre später wurde er von seinen Knechten erschlagen. Sein Name lebt in der im 7. Jh. gegründeten Benediktinerabtei **St. Trudpert** fort. Nach vielen Zerstörungen wurde nach Plänen von Peter Thumb ab 1724 die heutige Barockkirche erbaut. Nur der gotische Chor stammt noch aus einer älteren Bauphase.

Das ehemalige Benediktinerkloster St. Trudpert aus dem 7. Jahrhundert war das erste Kloster rechts des Rheins.

Sehenswertes

Besucherbergwerk Teufelsgrund
Am Südende des Tals, in **Mulden**, öffnet der Schindlerstollen der Grube »Teufelsgrund« seine Pforten als Besucherbergwerk. Er erinnert daran, daß das Münstertal im Mittelalter durch Silberabbau zu Wohlstand gelangte. Heute hat die Gemeinde in einem Nebenstollen des ehemaligen Bergwerks eine spezielle Asthma-Therapiestation eingerichtet.
15. Juni–15. Sept. Di–So 14–17; 16. Sept.–Okt. und April–14. Juni Di, Do, Sa, So 14–18; im Nov. Sa, So 14–18 Uhr; Dez.–März geschl.

Museum

Bienenkundemuseum
Auf 200 qm in sieben Räumen führt das Museum, das größte seiner Art in Europa, in die faszinierende Welt der Königinnen, Drohnen und Arbeiterinnen ein.
Rathaus Obermünstertal
Mi, Sa, So 14–17 Uhr
Verkehrsverbindung: Bahn

St. Peter

C 7

Legenden ranken sich um die Benediktinerabtei von St. Peter. So soll einer der Zähringer Herzöge Knaben geschlachtet und deshalb als Buße das Kloster gestiftet haben. Belegt ist, daß die Abtei 1093 von Herzog Bertold gegründet und als Grablege der Herzöge von Zähringen benutzt wurde. Vier Großbrände zerstörten die Anlage, die von 1717 bis 1758 neu aufgebaut wurde. Die prächtig ausgestattete **Barockkirche** und die **Bibliothek** sind Meisterwerke Peter Thumbs (Führungen Di 11, Do 14.30, So und feiertags 11.30 Uhr).

Essen und Trinken

Sonne
Meisterwerke ganz anderer Art sind in diesem Landgasthof zu genießen: Die Küche ist mit einem Michelin-Stern ausgezeichnet worden.
Zähringer Str. 2
Tel. 0 76 60/9 40 10
Di–So 12–22 Uhr,
14–18 Uhr nur kleine Speisen
Mittlere Preisklasse (AE, DC, EC, Visa)
Verkehrsverbindung: Bus Nr. 7216

MERIAN-TIP

Schauinsland Der Freiburger Hausberg hat seinen Namen nicht von ungefähr. Aus 1284 m Höhe bietet sich ein Blick bis weit in die Vogesen hinein – und manchmal sogar hinüber zu den Alpen. Besonders im Herbst, wenn die Stadt und die Täler voll schwerem Nebel hängen, nutzen viele die Möglichkeit, mit der Kabinenseilbahn die 1000 Höhenmeter zu überwinden und für einige Zeit in die Sonne zu fahren. Verkehrsverbindung: Straßenbahn Nr. 2 oder 4 bis Günterstal, dann Bus Nr. 21 bis Talstation und mit der Seilbahn nach oben. An Wochenenden Pendelbusverkehr. C 8

Schluchsee

C 9/D 9

Der See – mit 7,3 km Länge und 1,5 km Breite einer der größten des Schwarzwalds – erhielt seine heutige Gestalt durch die 63 m hohe Staumauer bei Seebrugg. Seit 1932 dient er dem Schluchseewerk als Staubecken zur Elektrizitätsgewinnung. Im Sommer läßt sich hier gut baden, segeln und windsurfen. Das gleichnamige Dorf am Nordostufer ist heilklimatischer Kurort mit etlichen Wintersporteinrichtungen. Die Idylle des Orts und des Sees wird ein wenig dadurch beeinträchtigt, daß die B 500 am Ufer entlangführt. Einen Besuch wert ist die ungewöhnliche Walmdachpfarrkirche in Schluchsee mit einem Turm aus dem Mittelalter und modernen Kreuzwegskulpturen.

Hotel

Seehotel Hubertus
Von den meisten Zimmern hat man einen herrlichen Blick übers Wasser.
79859 Schluchsee
Tel. 0 76 56/5 24, Fax 2 61
15 Zimmer
Mittlere Preisklasse (AE, DC, Visa)
Verkehrsverbindung: Bahn

Titisee

C 8

Der Titisee, Überbleibsel des eiszeitlichen Feldberggletschers, ist ein Opfer seiner Schönheit geworden. Er gehört zum Standardprogramm jeder Busreise und lohnt sich hauptsächlich dann, wenn Sie schon lange keine japanische Speisekarte mehr gelesen haben. Die vielen Souvenirläden mit »Original Cuckoo's Clocks« lassen den Reiz des mit 1,3 qkm Fläche größten Natursees des Schwarzwalds nur noch mühsam ahnen.
Verkehrsverbindung: Bahn

Todtnau

C 9

5100 Einwohner

Die liftreichste Schwarzwaldgemeinde (22 Schlepp-, ein Sessellift) gilt als Gründungsort des ersten Skiklubs in Mitteleuropa (1891). Im Mittelalter war sie ein Zentrum des Silberbergbaus im Südschwarzwald, im 18. Jh. begann man mit der Anfertigung von Bürsten und Besen – bis heute neben dem Fremdenverkehr der wichtigste Industriezweig. Ein Großbrand vernichtete 1876 den Ortskern und die Oberstadt, die planvoll und relativ schmucklos wieder aufgebaut wurden. Etwas oberhalb der Stadt findet man den 97 m hohen Naturwasserfall und den Ortsteil Aftersteg mit dem **Glasbläserhof**, wo das Handwerk mit historischen Werkzeugen praktiziert wird (Vorführungen tgl. 10.30, 11.30, 14, 15, 16 Uhr, Verkauf 9–18 Uhr).

Den Ort Todtnauberg kennen Literaturfreunde durch die Treffen von Paul Celan und dem in Freiburg lehrenden Martin Heidegger.

Hotel

Landhaus Sonnenhof
Inmitten des Naturschutzgebiets Präger Gletscher-Kessel im Ortsteil Präg, der mit seinen schiefergedeckten Höfen unter Denkmalschutz steht, kann man im Landhaus Sonnenhof Schwarzwaldgemütlichkeit, gutes Essen und ein vielseitiges Ferienangebot – von Fackelwanderungen bis Feuerzangenbowle – genießen. In dem abseits der Straße gelegenen Haus, zu dem ein kleiner Spielplatz gehört, sind auch Kinder sehr willkommen.
79674 Todtnau-Präg
Tel. 07671/5 38, Fax 17 65
19 Zimmer
Mittlere Preisklasse (AE, DC, EC, Visa)
Verkehrsverbindung: Bus Nr. 7215

Der Marktplatz des Kurstädtchens ist, da sind sich die Freudenstädter ganz sicher, trotz scharfer Konkurrenz aus Heide und Erfurt der größte Deutschlands.

Freudenstadt

■ E 4

23 500 Einwohner
Stadtplan → S. 81

Es war ein ungewöhnliches Projekt, das Herzog Friedrich I. von Württemberg im Jahr 1599 dem Renaissance-Baumeister Heinrich Schickardt übertrug. Eine neue Stadt sollte er schaffen, inmitten »förchtig wilden Walds« und mit einem repräsentativen Schloß als Mittelpunkt. Die Stadt wurde schnell zur Heimat protestantischer Flüchtlinge aus Kärnten und der Steiermark, das Schloß jedoch wurde nie gebaut. Das dafür vorgesehene Areal, der Marktplatz, gesäumt von mühlebrettartig verlaufenden Straßen, wird heute von flanierenden Besuchern und Kurgästen genutzt. Die Marktarkaden, die sich an den Seiten des Platzes entlangziehen, haben schon die Aufmerksamkeit des berühmten Kupferstechers Matthäus Merian (1593–1650) erregt: »Der Marckt ist sehr groß und seyn unter den Häusern Schwibbogen, daß man im Truckenen gehen kann.« Heute gelten sie als hervorragendes Beispiel für einen modernen und doch am historischen Stadtbild orientierten Wiederaufbau nach dem Zweiten Weltkrieg, in dem Freudenstadt zur Hälfte zerstört worden war.

Schon im Dreißigjährigen Krieg, wenige Jahrzehnte nach seiner Gründung, hatte Freudenstadt einiges zu überstehen. 1639 sollte der Stadtpfarrer gehängt werden, weil er den Plünderern die Kirchenschätze nicht aushändigen wollte. Ein schwedischer Kapuziner bewahrte ihn vor diesem Schicksal. Seither erhält jeder Kapuziner hier freie Unterkunft und Verpflegung.

Mit dem Beginn des Fremdenverkehrs im 19. Jahrhundert begann für das Städtchen und seine (zwischen 591 und 938 Meter hoch gelegenen) Ortsteile eine neue Ära. Das Reizklima ist besonders bei Atemwegserkrankungen hilfreich – mit liebevollem Spott bezeichnen Einheimische die Kurgäste als »Luftschnapper«. Seit 1997 ist Freudenstadt außerdem auch Kneippkurort. Von Wald umgeben, mit modernen Kur- und Erholungseinrichtungen sowie mit zwei sorgfältig angelegten Kurparks ausgestattet, gehört die Stadt zu den touristischen Hochburgen Deutschlands. Man bemüht sich um eine ständige Verbesserung des Angebotes, denn mit frischer Luft allein lassen sich heute nur noch wenige Urlauber anlocken.

Hotels/andere Unterkünfte

Gästehaus Schauinsland
südlich ■ b 3
Direkt am Kienberg ruhig und schön im Grünen gelegen.
Hartranftstr. 56
Tel. 0 74 41/24 88, Fax 24 78
8 Zimmer
Mittlere Preisklasse

Hotel und Kurhaus Palmenwald südlich ■ b 3
Auch wer nicht kuren will, kann sich in dem schönen Schwarzwaldhaus mit Zugang zum Park, Sauna und Hallenbad verwöhnen lassen.
Lauterbadstr. 56
Tel. 0 74 41/80 70, Fax 80 74 00
82 Zimmer
Obere Preisklasse (AE, DC, EC, Visa)

Landhaus Endresenhof
nordöstlich ■ c 1
Außerhalb gelegene Pension mit gemütlicher Ofenstube, Sauna und großem Garten.
Freudenstadt-Igelsberg
Tel. 0 74 42/69 26
8 Zimmer
Untere Preisklasse

Sehenswertes

Friedrichsturm am Kienberg
südlich ■ b 3
Vom 1899 erbauten Turm mitten im schönen Naturpark schaut man hinunter auf die Stadt. Unterhalb des Turms findet man ein Café.
Tgl. 9–18 Uhr

Marktplatz ■ b 2
Mit den Maßen 219 x 216 m ist der Platz nicht viel kleiner als die Place de la Concorde in Paris – aber viel gemütlicher. Seine gesamte Größe ist mit einem Blick gar nicht zu erfassen, da er von einer Straße in zwei Hälften geschnitten wird: die obere mit Stadtmuseum und Postamt und die untere, mit Bäumen bepflanzte. Von ursprünglich fünf **Rokokobrunnen** sind noch drei erhalten, der schönste dürfte der mit einer Statue des Meergottes Neptun sein. Rund um den Platz ziehen sich Arkadengänge mit Geschäften, Cafés und Restaurants.

Der Marktplatz von Freudenstadt ist wohl der größte Deutschlands.

Stadtkirche ■ b 2/b 3
Von den Eckbauten, die ursprünglich den Marktplatz einfassen sollten, ist 1608 nur die evangelische Kirche verwirklicht worden. Die Winkelform machte es möglich, daß sich Männer und Frauen beim Gottesdienst nicht beäugen konnten. Die 1948 wiederaufgebaute Kirche birgt drei Kostbarkeiten: einen romanischen Taufstein (Ende 11. Jh.), ein wunderschönes Lesepult aus Lindenholz (12. Jh.) und ein gotisches Kruzifix (16. Jh.).
Tgl. 10–17 Uhr

Museum

Stadthaus mit Heimatmuseum ■ b 2
Hier erfährt der Besucher alles Wissenswerte zur Stadtgeschichte.
Marktplatz
So 10–12 Uhr

Essen und Trinken

Bärenschlößle westlich ■ a 1
Ausflugslokal am Stadtrand in einem Haus von 1627. Hier bekommt man ebenso saure Kutteln und Wildgerichte wie Vollwertkost.
Christophstal
Tel. 0 74 41/78 50
Mi–Mo 11–23 Uhr
Mittlere Preisklasse (EC, Visa)

Hotel-Weinstuben Bären ■ b 2/c 2
Traditionsreiches Haus mit gutbürgerlicher und vegetarischer Küche.
Lange Str. 33
Tel. 0 74 41/8 11 29
Tgl. 11–14, 18–23 Uhr
Mittlere Preisklasse

Einkaufen

Haus der Kosmetik südlich ■ a 3
In dieser »Wellness-Oase« gibt's Düfte, Schmuck und vieles mehr. Für alle, die sich oder anderen mal was Gutes tun wollen.
Straßburger Str. 25

Die Töpferstube ■ b 2
Originelle Kleinigkeiten und schöne Mitbringsel.
Murgtalstr. 3

Am Abend

Kurhaus ■ b 3
Vom Bauerntheater bis zum Sinfoniekonzert: Das Angebot ist groß und vielfältig.
Am Promenadenplatz

Martinique östlich ■ c 2
Alles in einem: zwei Diskos, Restaurant und Kneipen.
Tgl. außer Mo, Disko nur Do–So
An der B 28 Richtung Stuttgart

Von ursprünglich fünf Rokokobrunnen sind noch drei in Freudenstadt erhalten.

Service

Auskunft
Tourist-Information ■ b 3
Am Promenadenplatz 1
72250 Freudenstadt
Tel. 0 74 41/8 64-7 30 und 7 31
Fax 8 51 76
Mo 10 Uhr kostenlose Stadtführung

Bäder
Panorama-Bad nördlich ■ c 2
Innen- und Außenbecken.
Ludwig-Jahn-Str. 60
Waldbad Langenwaldsee südwestlich ■ a 3
Beheiztes Freibad.
Über die B 28, Richtung Kniebis

Post ■ b 2
Marktplatz
Mo–Fr 8–12, 14–19,
Sa 8–12 Uhr

Verkehrsverbindungen
Bahnauskunft
Tel. 0 74 41/45 54 oder 20 15
Busse
Auskunft Tel. 0 74 41/15 55
Taxi
Taxi Fritz, Tel. 0 74 41/29 69
Waldbahn
Das Kurbähnle fährt Mai–Sept. tgl. ab 10 Uhr halbstündlich vom Marktplatz in den Naturpark Kienberg.
Reservierung: 0 74 41/8 95 26

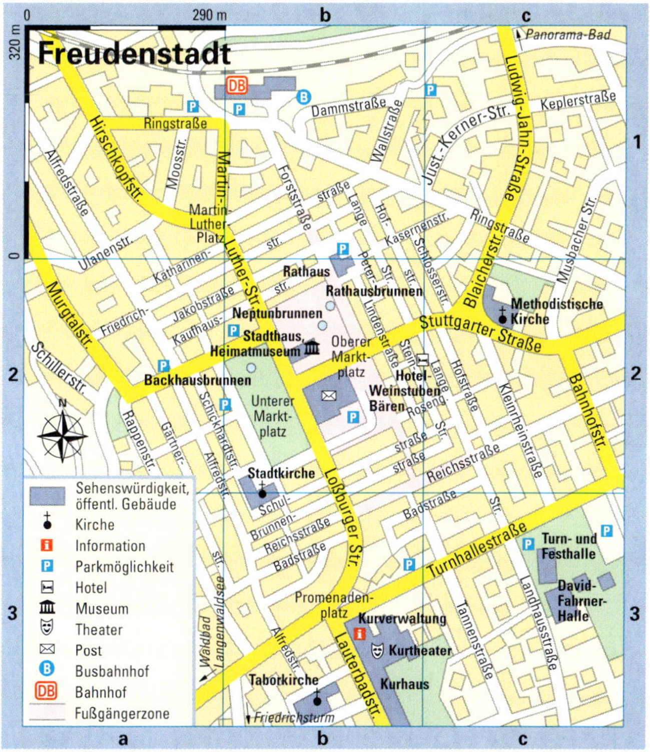

Ziele in der Umgebung

Allerheiligen ■ D 4

Gleich die ganze Heiligenschar wurde dem 1196 von Uta von Schauenburg gegründeten **Prämonstratenserkloster** im schmalen Lierbachtal zur Seite gestellt. Doch es half nichts: Wie so viele Klöster brannte es mehrmals ab und wurde neu errichtet. Seitdem es 1803 vom Blitz getroffen und dann auf Abbruch verkauft wurde, sind nur noch die eindrucksvollen Ruinen erhalten, so daß ein wenig Phantasie nötig ist, sich die erste gotische Kirche Mittelbadens vorzustellen. Zu der wildromantischen Umgebung des Klosters gehören auch die ganz in der Nähe gelegenen, 100 m hohen **Wasserfälle**.

Alpirsbach ■ E 5

Am Anfang war das Kloster, das die Herren Ruotmann von Neckarhausen, Adalbert von Zollern und Alwig von Sulz 1095 im oberen Kinzigtal stifteten. In den folgenden Jahrhunderten entwickelte sich die **Benediktinerabtei Alpirsbach** zu einem Zentrum der kluniazensischen Reformbewegung. Mit der Reformation wurde es aufgehoben und diente bis 1806 als evangelische Schule. Heute sind hier Behörden untergebracht. Einen besonderen Eindruck von der Anlage erhält man beim Besuch eines Kreuzgangkonzertes. In unmittelbarer Nachbarschaft zum Münster wird das Alpirsbacher Klosterbräu hergestellt. Die Brauerei tritt auch als Kultursponsor in Erscheinung, indem sie eine Glasbläserei und eine Galerie fördert.

Sehenswertes

Klosterkirche
Besonders beeindruckend ist diese große Kirche mit Fresken aus dem frühen 13. Jh.; der 43 m hohe Turm zeigt alle Stilepochen von der Romanik bis zur Frührenaissance.
April–Nov. Mo–Sa 9.30–17, So 11–17.30, sonst tgl. 13.30–15 Uhr
Verkehrsverbindung: Bahn

MERIAN-TIP

Das Dörfchen Tiefenbronn im Würmtal lohnt wegen seiner **Pfarrkirche St. Maria Magdalena** (ca. 1370–1380) den Abstecher ins »Gäu«. Besonders der Magdalenenaltar (1432) von Lucas Moser zieht die Besucher an. Dieses Beispiel spätgotischer Malerei in Süddeutschland steht im südlichen Seitenschiff und zeigt vier Episoden aus dem Leben der Maria Magdalena, wie sie die 1264 verfaßte »Legenda aurea« des Jacobus a Voragine erzählt. St. Maria Magdalena, im Sommer tgl. außer Mo 13.30–16.30 Uhr, sonst wechselnd und auf Anfrage (siehe Hauptportal) ■ F 2

Altensteig ■ E 3

5000 Einwohner

Der um 1100 erstmals erwähnte Ort entstand am steilen Nordufer der Nagold. Ein gutausgeschildeter Rundgang, die »historische Meile«, führt an den vielen historischen Fachwerkhäusern der mittelalterlichen Altstadt vorbei. Auf 2 ha Fläche waren hier einst zehn Gasthäuser versammelt – heute sind es ein paar weniger, doch das Angebot an bodenständigen Wirtschaften kann sich nach wie vor sehen lassen. An etlichen Stellen ist auch noch die alte **Stadtmauer** zu sehen. Ziel des Rundgangs ist das **Schloß** des Grafen von Hohenberg, dessen trutziger Wohnturm (13. Jh.) als einzige unzerstörte mittelalterliche Burg des Schwarzwalds gilt.

Museum

Museum im Alten Schloß
Das im Schloß untergebrachte Heimatmuseum enthält eine Sammlung zur Geschichte der Stadt.
Mi 14–16, So 11–12, 14–17, im Winter bis 16 Uhr
Verkehrsverbindung:
diverse Linienbusse

Bad Liebenzell ■ F 2

9200 Einwohner

Ein ehrgeiziges Projekt – die völlige Neugestaltung des Ortskerns – beschert dem Kurstädtchen im Nagoldtal über Jahre hinaus eine riesige Baustelle. 1999 soll die neue Kurstadtmitte fertig sein. Unverändert jedoch speisen sieben Thermalquellen das Heilbad mit 23 bis 27 °C warmem Wasser tief aus dem Erdinneren. Der Stadtkern und der schöne Kurpark, der entlang der Nagold angelegt wurde, werden von der **Burg** Liebenzell überragt. Erbaut im 13. Jh., wurde sie 1692 zerstört und erst 1952 unter Mithilfe von Jugendlichen aus aller Welt wieder aufgebaut. Seither beherbergt sie das »Internationale Forum«, eine Begegnungsstätte für Jugendliche.
Verkehrsverbindung: Bahn

Bad Teinach-Zavelstein ■ F 3

2800 Einwohner

Schön ist's am Frühlingsanfang in dem unter Naturschutz stehenden Seitental der Nagold, wenn auf den Wiesen rund um das Dorf Tausende von Krokussen blühen (Hinweisschilder in Zavelstein). Wirtschaft-

Die Landwirtschaft hat im Schwarzwald noch immer eine große Bedeutung.

liche Grundlage des Kurortes sind bis heute die im 15. Jh. entdeckten Mineralquellen, die als Trink- und Badewasser dienen. Das klassizistische **Bad-Hotel**, 1840 bis 1842 für die württembergischen Herzöge errichtet, bildet heute den Mittelpunkt eines großzügigen Kurzentrums mit Park und Forellenteich. Vom Bergfried der 1692 zerstörten **Burgruine Zavelstein** (13. Jh.) bietet sich ein schöner Blick in die Umgebung.
Verkehrsverbindung: Bahn

Baiersbronn ■ D 4/E 4

16 000 Einwohner

Der Kur- und Urlaubsort im oberen Murgtal wartet mit einer Reihe von Superlativen auf: größte Landgemeinde Deutschlands (über 190 qkm Fläche), mit jährlich 1,2 Mio. Übernachtungen bedeutendster Fremdenverkehrsort des Schwarzwaldes, über 1100 km markierte Wanderwege – vorbei an eiszeitlichen Karseen und Hochmooren – und ein außerordentlich mildes Klima. Dieses wußten schon die Benediktinermöche zu schätzen, die im 11. Jh. in Reichenbach ein Kloster gründeten. Die im 19. Jh. umfassend restaurierte **Klosterkirche** gilt als wertvollstes Baudenkmal der Stadt.

Und wer es sich leisten kann, sollte sich vielleicht einen Abend in einem der beiden Top-Restaurants gönnen, die seit Jahren bundesweit zur Crème de la Crème gehören: die **Traube** in Tonbach und der **Bareiss** in Mitteltal.

Hotels/Essen und Trinken

Hotel Traube mit Gourmetrestaurant Schwarzwaldstube

TOPTEN 3

Die Traube hat die seltene Auszeichnung von drei Michelin-Sternen erhalten – u. a. für so Exotisches wie Seeigel auf Kaviarsauce oder die etwas bodenständigeren Kartoffelrösti mit Ziegenkäse gefüllt.
Tonbachstr. 237
Tel. 0 74 42/49 20, Fax 49 26 92
Restaurant-Reservierung 49 26 65
175 Zimmer
Restaurant: Luxusklasse (AE, DC, EC, Visa)
Hotel: Obere Preisklasse (keine Kreditkarten)

Hotel und Restaurant Bareiss
Die Konkurrenz zur Traube belebt das Geschäft und ist Ansporn zu immer neuen gastronomischen und kulinarischen Höchstleistungen.
Gärtenbühlweg 14
Tel. 0 74 42/47-0, Fax 47-3 20
77 Zimmer
Luxusklasse (AE, DC, EC, Visa, nur im Restaurant)
Verkehrsverbindung: Bahn, Busse

Calw/Hirsau ■ F 2/F 3

24 000 Einwohner

»Zwischen Bremen und Neapel, zwischen Wien und Singapore habe ich manche hübsche Stadt gesehen ... Die schönste Stadt von allen aber, die ich kenne, ist Calw an der Nagold, ein kleines schwäbisches Städtchen.« Der das sagte, war kein Geringerer als der Literaturnobelpreisträger Hermann Hesse (1877–1962), der hier geboren und aufgewachsen ist. Welche Rolle Nostalgie bei dieser Beurteilung gespielt hat, sei dahingestellt – die Fachwerkhäuser der fußgängerfreundlich gestalteten **Altstadt** und die **Nikolausbrücke** mit spätgotischer Kapelle (um 1400) lohnen jedenfalls einen Besuch. Und natürlich wird des

In Calw wurden in den letzten Jahren viele Fachwerkhäuser liebevoll renoviert.

NURSERIE

berühmtesten Sohnes der Stadt mit einem **Museum** gedacht. Etwas südlich von Calw, in **Kentheim**, steht mit der um 1000 erbauten **St. Candidus-Kirche** eines der ältesten Gotteshäuser Süddeutschlands.

Kulturgeschichtlicher Höhepunkt der Gemeinde und des ganzen Nordschwarzwaldes ist das **Kloster** im Teilort Hirsau. Schon um 830 ließen sich hier Benediktinermönche nieder, 838 weihten sie die Kirche **St. Aurelius**. Ab 1059 erfolgte unter Abt Wilhelm der Bau der **Peter-und-Pauls-Kirche**, der größten romanischen Kirche in Schwaben. Wilhelm machte Hirsau auch zu einem Zentrum der kluniazensischen Reformbewegung, daher der Beiname »das schwäbische Cluny«. Die französischen Soldaten ließen 1692 jedoch nur spätgotische Kreuzgangruinen, die Marienkapelle und den Westturm, den von einem geheimnisvollen Figurenfries geschmuckten Eulenturm (37 m), stehen. In den Ruinen werden jeden Sommer Festspiele abgehalten.
Klosterführungen: Mai–Okt. So 11 und 15 Uhr, nähere Informationen und Treffpunkt beim Verkehrsamt, Tel. 0 70 51/96 88 66

Museen

Hermann-Hesse-Museum
Neben einer Ausstellung zu seinem Leben werden auch Aquarelle des Dichters gezeigt.
Marktplatz 30
Di–Sa, feiertags 14–17,
So 11–17 Uhr

Klostermuseum Hirsau
Das sehr schöne Museum widmet sich anschaulich der Geschichte des Klosters.
Calwer Str. 6
Di–Sa 14–17, So 11–17 Uhr
Verkehrsverbindung: Bahn

Freilichtmuseum Vogtsbauernhof

D 6

Am Ausgang des Gutachtales, der Heimat des »Bollenhutes«, liegt das meistbesuchte Freilichtmuseum Deutschlands (ca. 500 000 Besucher jährlich). Der Vogtsbauernhof selbst steht etwa seit 1570 an dieser Stelle. Um ihn herum wurden typische Höfe aus anderen Gegenden des Süd- und Mittelschwarzwaldes samt den dazugehörigen Nebengebäuden gruppiert.

TopTen 6

Stein für Stein wurden diese meist vom Abriß bedrohten Baudenkmäler, die allesamt aus dem 16. bis 18. Jh. stammen, an ihren Ursprungsorten abgetragen und hier wieder aufgebaut. Sei es der »Klaushof« aus dem Hotzenwald, der »Hippenseppenhof« aus Katzensteig bei Furtwangen oder der »Lorenzhof« aus dem Kinzigtal, jedes Gebäude verkörpert einen anderen Bautyp, der den örtlichen Gegebenheiten optimal angepaßt war.

Eine Vielzahl von historischen Einrichtungs- und Handwerksgegenständen sowie verschiedene Mühlen, eine Schmiede, Back- und Brennhäuser bieten einen einzigartigen Einblick in Geschichte und Tradition des Schwarzwaldes.
April–Nov. tgl. 8.30–18 Uhr
Verkehrsverbindung: Bahn

Haslach

C 6

6600 Einwohner

Die erste urkundliche Erwähnung der mittelalterlichen Marktstadt, die seit 1978 unter Denkmalschutz steht, stammt aus dem Jahr 1240, aber vermutlich befand sich hier schon eine römische Straßenstation. 1704 fast vollständig abgebrannt, wurde der Ort anschließend in seiner heutigen Gestalt wieder aufgebaut. An beinahe jedem Haus der Altstadt ist eine Tafel mit interessanten historischen Einzelheiten angebracht.

Das 1630 bis 1632 entstandene **Kapuzinerkloster** gehört einschließlich der Klosterkirche und der anschließenden Loretokapelle seit 1844 der Stadt, die hier ein Armenhaus einrichtete. 1980 zogen das Fremdenverkehrsamt und das **Schwarzwälder Trachtenmuseum** in diese Räume.

Berühmtester Sohn der Stadt ist der Pfarrer, Volksschriftsteller und Politiker Heinrich Hansjakob (1837–1916), der zeitlebens seinem »Hasle« die Treue hielt und seine Heimat in zahlreichen Schriften verewigte.

Museen

Hansjakob-Museum Freihof
Im ehemaligen Alterssitz Heinrich Hansjakobs ist heute ein Museum untergebracht, das eine Ausstellung zum Leben und Werk des Dichters zeigt.
Hansjakobstr. 17
Mi 10–12 und 15–17, Fr 15–17 Uhr, April–Okt. auch So 10–17 Uhr oder nach Vereinbarung
Tel. 0 78 32/47 15

Schwarzwälder Trachtenmuseum
Liebhaber von Schwarzwälder Trachten werden an dieser Ausstellung ihre Freude haben.
Altes Kapuzinerkloster
April–Okt. Di–Sa 9–17,
So und feiertags 10–17 Uhr,
Nov.–März Di–Fr 9–12 und 13–17 Uhr, im Jan. nur nach Vereinbarung (Tel. 0 78 32/7 06 70)

Im Freilichtmuseum Vogtsbauernhof wird die Vergangenheit lebendig. Die verschiedenen, im Schwarzwald beheimateten Hausformen sind hier zu besichtigen.

Nagold ■ F 4

22 000 Einwohner

Schön restaurierte Fachwerkhäuser prägen die 786 erstmals erwähnte »villa nagultana«. Wahrzeichen ist der **Alte Turm**, der Kirchturm der Stadtkirche Unserer Lieben Frau (1360). Die Umrisse der 1876/77 abgebrochenen Kirche sind durch die Färbung des Straßenpflasters kenntlich gemacht. Sehenswert sind außerdem das **Steinhaus**, das älteste Wohnhaus Nagolds (13. Jh.), sowie das 1697 erbaute **Gasthaus Alte Post.** Auf einem Bergzacken über der Stadt thront die **Ruine Hohennagold** (12./15. Jh.). Ebenfalls etwas erhöht liegt die **Remigiuskirche**, das älteste, schon 773 erwähnte Bauwerk Nagolds. Das immer wieder erweiterte Gebäude ist mit frühgotischen (1320) und spätgotischen Wandmalereien (ca. 1500) geschmückt. Im Sommer kann der Kirchenschlüssel beim Mesner (Küster) schräg gegenüber im Remigiusweg 3 abgeholt werden.

Essen und Trinken

Gasthaus Alte Post
Traditionsreiches Haus mit hohen Qualitätsansprüchen.
Bahnhofstr. 2
Tel. 0 74 52/8 45 00
Fr–Di 12–14 und 17.30–23,
Mi 12–14 Uhr
Mittlere Preisklasse (EC, Visa)
Verkehrsverbindung: Bahn

Pforzheim ■ F 1

116 000 Einwohner

Schwarzwaldromantik wird man hier, am Zusammenfluß von Nagold, Enz und Würm, vergeblich suchen. Eine einzige Bombennacht machte am 23. Feb. 1945 rund 80 Prozent der Stadt dem Erdboden gleich und kostete fast 20 000 Menschen das Leben. Dieses Ereignis führte 1989 zu einer Städtepartnerschaft mit der baskischen Stadt Guernica, die 1937 von Hitlers »Legion Condor« zerstört worden war. So prägt der bauliche Pragmatismus der Nachkriegsjahre das Stadtbild. Bekannt ist Pforzheim vor allem durch seine weltweite Bedeutung als Gold- und Schmuckstadt.

Sehenswertes

Schloß- und Stiftskirche St. Michael
Ab 1227 erbaut, ist die Kirche eines der wenigen verbliebenen Baudenkmäler der Stadt. Ihre Restaurierung nach dem Zweiten Weltkrieg gilt als vorbildlich. Das dreischiffige Langhaus macht den Übergang von der Romanik zur Gotik deutlich.
April–Okt. Mi–Fr 15–17,
So 11–12 Uhr,
Führungen April–Okt. Mi 16,
letzter Fr im Monat 15 Uhr

Museum

Schmuckmuseum im Reuchlinhaus
Jahnstr. 42
Di–So 10–17 Uhr
Verkehrsverbindung: Bahn

Schiltach ■ D 6

4100 Einwohner

Das schmucke Dorf im oberen Kinzigtal ist ein Kleinod. Die Fachwerkhäuser der denkmalgeschützten Altstadt, die sich eng an den Schloßberg schmiegt, bieten ein Bild seltener Geschlossenheit. Im Zentrum liegt der dreieckige **Schiefe Markt** mit dem Rathaus, das, wie viele andere Häuser auch, nach dem Stadtbrand von 1590 erbaut wurde. Die Fassadenmalereien stammen aus dem Jahr 1942 und sind entsprechend von heroischem Pathos geprägt. Schiltach war zusammen mit Alpirsbach jahrhundertelang eine Hochburg der Gerberei. Noch bedeutender aber waren die Kinzigflößerei und damit Holzhandel und -verarbeitung. Auf dem Schloßberg sind noch Spuren der **Burg** zu sehen, die den Grafen von Württemberg einst zur Kontrolle der Kinzigtalstraße diente.

Museen

Apothekenmuseum
Originelles und Interessantes, liebevoll zusammengestellt in einer historischen Apotheke von 1837.
Am Markt 5
Nach Vereinbarung
Tel. 0 78 36/3 60 oder 15 14

Schüttesägemuseum
Die älteste Sägemühle der Stadt beherbergt ein Museum zur Geschichte der Holzproduktion und Flößerei.
April–Okt. Di–So 10–12, 14–16 Uhr, Maschinenvorführung Mi, Fr 15 Uhr

Museum am Markt
Lebendig gezeigte Stadtgeschichte.
April–Okt. Di–So 10–12 und 14–16 Uhr

Wolfach

D 5

6300 Einwohner

Der ovale Stadtkern des am Zusammenfluß von Wolfach und Kinzig gelegenen Ortes ist zwar mehrfach abgebrannt, geht aber in seiner Anlage auf das 13. Jh. zurück, als die Grafen von Fürstenberg hier ihre Residenz anlegten. Das **Fürstenberg Schloß**, in dem sich ein Flößer- und Heimatmuseum befindet, wurde 1671 bis 1681 erbaut. Bis 1890 war auch Wolfach eine Flößerhochburg, dann wurde der Holztransport endgültig auf die Schiene verlagert. Größte Attraktion des hübschen, herausgeputzten Städtchens ist die **Dorotheenhütte**.

Sehenswertes

Dorotheenhütte
Rund 50 Beschäftigte lassen sich bei der Glasbläserei über die Schulter schauen. Im angeschlossenen Museum – Höhepunkt ist die ständige Weihnachtsausstellung – können die verschiedensten Produkte gekauft werden.
Glashüttenweg 4
Tgl. 9–16.30 (Verkauf bis 17.30 Uhr), 31. Dez.–Ostern So geschl.
Verkehrsverbindung: Bahn

TOPTEN 7

Klassische Fachwerkhäuser findet man auch im unter Denkmalschutz stehenden Stadtkern von Schiltach.

Zwei grundverschiedene Orte

lernt man mit dem reizvollen mittelalterlichen Villingen und dem nüchternen, modernen Schwenningen kennen.

Villingen-Schwenningen

■ E 7

82 000 Einwohner
Stadtplan → S. 93

»Gegensätze ziehen sich an«, müssen sich die Planer der Gemeindereform 1972 gedacht haben – und so ist aus den beiden ungleichen Nachbarn eine Doppelstadt geworden. Nicht einmal direkt nebeneinander liegen die beiden Partner dieser Zwangsehe. Will man vom badischen Schwarzwaldstädtchen Villingen ins württembergische Schwenningen, das bereits auf der Baar-Hochebene liegt, so fährt man ein ganzes Stück durch eine sanft geschwungene Wald- und Wiesenlandschaft. Beide sind alte Städte, die schon 817 schriftlich erwähnt wurden. Aber während Villingen – das »V« wird übrigens scharf gesprochen wie in »Vogel« – seine historische Altstadt bewahrt hat, haben die Schwenninger auf Modernisierung gesetzt und ihre Innenstadt zu einem recht gesichtslosen Einkaufszentrum gemacht. Schon die Geschichte der beiden Städte spiegelt Gegensätze, wenn nicht gar Feindschaften wider: Die Zähringergründung Villingen gehörte fast 500 Jahre (bis 1806) zu Österreich; Schwenningen dagegen war seit dem 15. Jahrhundert im Besitz der Grafen und Herzöge von Württemberg, den größten Gebietskonkurrenten der Habsburger. Doch die Zeiten sind längst vorbei. Villingen-Schwenningen ist verwaltungstechnisch eins geworden, auch wenn es weder Bewohner noch Touristen so richtig wahrhaben wollen.

Am modernen Geschichtsbrunnen auf dem Münsterplatz kann man die Stadtgeschichte »ablesen«.

Hotels/andere Unterkünfte

Café-Pension Alte Ölmühle
nördlich ■ b 1
Im nördlich gelegenen Stadtteil Obereschach wohnt man in einem schönen Fachwerkhaus ruhig und im Grünen.
Stumpenstr. 27
Tel. 0 77 21/9 47 50, Fax 7 27 46
12 Zimmer
Mittlere Preisklasse

Hotel »Am Franziskaner« ■ b 1/b 2
Das Hotel in der Altstadt von Villingen bietet auch Gourmetrestaurants sowie Extrazimmer für Nichtraucher und Allergiker.
Rietstr. 27–31
Tel. 0 77 21/29 70, Fax 29 75 20
98 Zimmer
Obere Preisklasse (AE, DC, EC, Visa)

Hotel Bären ■ b 1
Mitten in der Altstadt von Villingen liegt auch der »Bär«, der gutausgestattete Zimmer anbietet und auch Hunde willkommen heißt.
Bärengasse 2
Tel. 0 77 21/5 55 41, Fax 5 80 90
18 Zimmer
Obere Preisklasse (EC, Visa)

Hotel-Kurcafé Bosse
nordwestlich ■ a 1
Familiär geführtes Komforthotel, sehr ruhig am Waldrand gelegen, mit gutem Restaurant.
Oberförster-Ganter-Str. 9
Tel. 0 77 21/5 80 11, Fax 5 80 13
35 Zimmer
Obere Preisklasse (AE, DC, EC, Visa)

Hotel Ochsen östlich ■ c 1
Zentral beim Schwenninger Mauthepark gelegenes, freundliches Haus.
Bürkstr. 59
Tel. 0 77 20/83 90, Fax 83 96 39
40 Zimmer
Obere Preisklasse (AE, DC, EC, Visa)

Spaziergang durch Villingen

Der historische Stadtkern der alten Zähringerstadt wird von einer Ringstraße umgeben, die dem Verlauf der ehemaligen Stadtmauer folgt. Unser Spaziergang beschränkt sich auf den lebhaften und liebevoll restaurierten Teil der Altstadt. Immer wieder lohnt der Blick hinauf zu den verschiedenfarbigen Dächern, Giebeln, Erkern und Türmchen, die jedem Haus sein charakteristisches Gepräge geben.

Vom **Bickentor**, dem östlichen Zugang zum Stadtkern, passiert man die Klosterschule **St. Ursula** und stößt nach etlichen Metern auf die Obere Straße, die nach rechts hinauf zum **Obertor** führt. Von der Oberen Straße zweigt links der **Münsterplatz** ab, an dessen Nordseite der moderne **Geschichtsbrunnen** auffällt. Er zeigt auf humorvolle Weise Ereignisse der Stadtgeschichte. Dann geht es weiter durch die Kanzleigasse bis zur Schulgasse. Wenige Meter nach rechts befindet sich das Benediktinerkloster **St. Georgen**, nach links gelangt man zum **Franziskaner**. Der Platz vor dem Franziskanermuseum mit Blick auf Riettor und Bickentor ist heute ein beliebter Treffpunkt vor allem für junge Leute.

Auf dem Weg nach Süden zum **Romäusturm** ist die von einem schmalen Grünstreifen gesäumte **Stadtmauer** gut zu sehen. Vom Turm wenden wir uns nach Osten und gelangen durch Turm- und Thomasgasse auf die **Färberstraße**, die Straße mit der höchsten Kneipen- und Cafédichte Villingens. Sie führt in Richtung Fußgängerzone auf die **Rietstraße**, wo viele Geschäfte zum Bummeln und Straßencafés zum Verweilen einladen.

Sehenswertes

Benediktinerkloster a 1
1536 ließen sich die aus St. Georgen vertriebenen Mönche in Villingen nieder. Die Klosterkirche entstand 1688 nach Plänen Michael Thumbs, der Turm wurde erst 1704 zugefügt.

Magdalenenberg südwestlich b 3
Nur ein Hügel, aber ein bedeutsamer: Das von einer uralten Eiche bewachte Keltengrab am Südrand von Villingen ist der größte Grabhügel (577 v. Chr.) der Hallstattzeit in Mitteleuropa (118 m Durchmesser, 8 m hoch). Die Grabfunde sind im Franziskaner-Museum zu sehen.

Münster Unserer Lieben Frau b 1
Ein eigenartiges Stilgemisch prägt das Villinger Münster. Die Portalbögen und die Säulen im Inneren stammen noch aus romanischer Zeit (12./13. Jh.). Der gotische Chor entstand nach dem Stadtbrand von 1271. 1701 wurde das Kirchenschiff barock umgestaltet und eine flache Stuckdecke eingezogen. 200 Jahre später erhielten die Seitenwände eine klassizistische Prägung. Die Portaltüren wurden 1983 von Klaus Ringwald, der auch den originellen Geschichtsbrunnen auf dem Münsterplatz schuf, gestaltet. Eine Kostbarkeit ist das Nägelinkreuz in der nördlichen Turmkapelle (14. Jh.), es gilt als wundertätig.

Romäusturm a 2
Der nach dem Lokalhelden Remigius Mans, einem 1513 gestorbenen Landsknecht, benannte Wachturm ist mit 34 m der höchste Turm der mittelalterlichen Stadtbefestigung Villingens. Er wurde im 13. Jh. aus Buckelquadern errichtet.

Museen

Franziskanermuseum a 2
Im ehemaligen Franziskanerkloster und der Klosterkirche sind verschiedene Sammlungen untergebracht: In Sakristei, Chor und Kreuzgang wird sakrale Kunst vom Mittelalter bis zum Rokoko gezeigt. Die »Schwarzwaldsammlung« macht mit der Volkskunde, mit Kunst und Kultur, Alltags- und Sozialgeschichte der Region bekannt. Aus keltischer Zeit stammen die Grabbeigaben aus dem Magdalenenberg.
Rietgasse 2, Villingen
Di–Fr 10–12, Di, Do, Sa 14–17, Mi 14–20, So und feiertags 13–17 Uhr

Heimat- und Uhrenmuseum östlich c 1
In einem Fachwerkhaus von 1697 ist das Museum untergebracht, das sich der Schwenninger Geschichte widmet. Außerdem ist eine Glassammlung zu sehen. Die Uhrenabteilung zeigt schön bemalte Schwarzwalduhren.
Kronenstr. 16, Schwenningen
Di–So 10–12 und 14–18 Uhr

Museum Altes Rathaus b 1
Das alte Rathaus Villingens wurde in verschiedenen Baustufen im 14. und 15. Jh. errichtet. Es zeigt Kunst und Handwerk vom 12. bis 19. Jh.
Rathausgasse 1, Villingen
Do 10–12 und 14–17, So und feiertags 13–17 Uhr

Essen und Trinken

Kapuzinerhof b 2/b 3
An schönen Tagen sitzt man, umringt von Altstadthäusern, im Innenhof des Café-Restaurants.
Niedere Str. 90, Villingen
Tel. 0 77 21/3 20 95
Tgl. ab 10 Uhr
Mittlere Preisklasse

Ochsen östlich ■ c 1
Die traditionell gute Küche des Ochsen lohnt einen Abstecher nach Schwenningen.
Bürkstr. 59, Schwenningen
Tel. 0 77 20/83 90
Mo–Sa 12–14 und 18–21 Uhr
Mittlere Preisklasse (AE, DC, EC, Visa)

Turmstube/Ratskeller ■ b 1
Im Oberen Turm der Stadtbefestigung ist der Ratskeller untergebracht; auch ein Biergarten gehört dazu. Gutbürgerliche Küche und Vegetarisches.
Obere Straße 37, Villingen
Tel. 0 77 21/5 11 34
Tgl. 11.30–14.30 und 17.30–23 Uhr
Untere Preisklasse

Einkaufen

City-Rondell östlich ■ c 1
In dem 1982 anstelle der alten Uhrenfabrik Mauthe erbauten Einkaufszentrum zeigen über 40 Fachgeschäfte ein breites Angebot.
In der Muslen, Schwenningen

Franziskaner Markthalle ■ a 1
Die moderne Markthalle hinter alter Fassade bietet frische Lebensmittel und Feinkost, eine Saftbar und ein Restaurant.
Rietstraße, Villingen

Wochenmärkte
Auf dem Villinger Münsterplatz und dem Schwenninger Muslenplatz ist samstags Markt, von April bis Okt. auch mittwochs.

Am Abend

Färberstraße ■ b 2
Nachtschwärmer haben's leicht: In Villingens Amüsiermeile findet man auf wenigen Metern eine Vielzahl an Kneipen, Biergärten und Bars. Und natürlich fehlen auch Nachtclub und Spielsalon nicht.

Jazz-Club Villingen e.V. ■ b 2
Der renommierte Club, in dem immer wieder internationale Top-Jazzer auftreten, hat leider nur Samstagabend auf.
Webergasse

Service

Auskunft
Verkehrsamt ■ b 1
Rietstr. 8, Villingen
78050 VS-Villingen
Tel. 0 77 21/82 23 40
Fax 82 23 47

Verkehrsamt im Bahnhof
östlich ■ c 1
78054 VS-Schwenningen
Tel. 0 77 20/82 12-08
Fax 82 12-07

Autovermietung
Buchung und Reservierung über das Verkehrsamt in Villingen
Tel. 0 77 21/82 23 40

Bad nordwestlich ■ a 2
Kneipp-Bad Villingen
Beheiztes Kneipp-Freibad.
Kirnacher Straße

Post
Hauptpostamt ■ c 2
Bahnhofstr. 6
Mo–Fr 8.30–18, Sa 8.30–12 Uhr

Verkehrsverbindungen
Bahnauskunft
Villingen: Tel. 07 41/1 94 19
Schwenningen: Tel. 0 77 20/3 42 01
Busse
Auskunft Tel. 0 77 21/1 94 49

Taxi
Funkzentrale Villingen
Tel. 0 77 21/2 20 22
City-Taxi Schwenningen
Tel. 0 77 20/9 70 00

Gelegenheiten für Pausen – nach Spaziergang oder Einkaufsbummel – gibt es in Villingen allemal.

Ziele in der Umgebung

Bad Dürrheim ■ E 7

12 000 Einwohner

Auf der Baar, der Hochebene zwischen Schwarzwald und Schwäbischer Alb, liegt das heilklimatische Kurstädtchen und Soleheilbad, das sich ganz dem Kurbetrieb verschrieben hat. Doch auch wer nicht unter Rheuma oder Asthma leidet, kann die allen Gästen zugängliche Badelandschaft Solemar besuchen. Gleich nebenan liegt das Gelände der Landesgartenschau 1994, zu dessen Besonderheiten ein »Klanggarten« und ein »Garten der Sinne« gehören.

Museum

Narrenschopf
Deutschlands größtes Masken- und Fasnachtsmuseum ist in kugeligen Holzbauten, Salinengebäuden aus den zwanziger Jahren, untergebracht.
Am Kurpark
Mai–Okt. Mo–Sa 14–18, So 10–18, Nov.–April Mo–Sa 14–17, So 10–17 Uhr

Service

Bad
Solemar
Eine schöne Badelandschaft mit Quellsprudler, Wasserfall, Sonnengalerie und Sauna. Erholung pur.
Tgl. 9–22 Uhr
Eintritt Erwachsene 15,50 DM, Kinder 8 DM

Kur- und Bäder GmbH
Hier erhalten Sie Informationen über eine Vielzahl von Pauschalangeboten, u. a. ein »Ballooning-Wochenende«.
Luisenstr. 4
78073 Bad Dürrheim
Tel. 0 77 26/66 63 43

Verkehrsverbindung: Verschiedene Buslinien jeweils ab Bahnhof

Donaueschingen ■ E 8

20 700 Einwohner

»Brigach und Breg bringen die Donau zuweg.« Obwohl der Zusammenfluß der beiden Flüsse vor den Toren der Stadt liegt, ist diese Schulweisheit den Donaueschingern ein Dorn im Auge. Denn für sie ist klar: Eigentlicher und historisch dokumentierter Ursprung des Stroms ist das kleine Donaubächlein, das seit dem 18. Jh. unterirdisch in die Brigach geleitet wird. Diese Donauquelle ist im Hof des **Fürstenberg-Schlosses** zu besichtigen. In Furtwangen, an der Quelle der Breg, werden die mit wissenschaftlichem Ernst betriebenen Bemühungen der Donaueschinger um die einzig wahre Donauquelle bespöttelt: »Eschingen« nennt man dort den östlichen Nachbarn. Für Kinder interessant ist der vor dem Rathaus stehende **Musikantenbrunnen** mit Figuren, die nicht nur betrachtet, sondern auch bewegt werden können.

Sehenswertes

Fürstlich Fürstenbergisches Schloß und Fürstenberg-Sammlungen
Das Innere des 1723 erbauten und im 19. Jh. umgestalteten Schlosses besticht mit kostbaren Wandbehängen und Schmuckstücken, den Sammlungen mit Gemälden altdeutscher Meister und einer naturgeschichtlichen Ausstellung.
Karlsplatz 7
Schloß
Ostern–Sept. Mi–Mo 9–12, 14–17 Uhr, regelmäßige Führungen
Sammlungen
Di–So 9–12, 13.30–17 Uhr, Winter bis 16 Uhr, Nov. geschl.
Verkehrsverbindung: Bahn

Furtwangen ■ D 7

10 000 Einwohner

Das an der Wasserscheide von Donau und Rhein auf 870 m Höhe gelegene Industriestädtchen ist eines der traditionellen Zentren der Schwarzwälder Uhrenherstellung, und das **Deutsche Uhrenmuseum** ist einen Ausflug wert. Die Bregquelle bei der Martinskapelle gilt den Furtwangern als Donauursprung. Noch einmal 200 m höher als Furtwangen liegt der Ortsteil Neukirch, Luftkurort und Hochburg des nordischen Skisports zugleich.

Museum

Deutsches Uhrenmuseum
Hier wird nicht nur die Tradition des im 19. Jh. so bedeutenden Uhrmachergewerbes noch einmal lebendig, sondern es wird die ganze Geschichte der Zeitmessung nacherzählt.
Gerwigstr. 11
April–Okt. tgl. 9–17, Nov.–März tgl. 10–17 Uhr, 24.–26. Dez. geschl.
Verkehrsverbindung: Buslinie Villingen-Schwenningen-Gütenbach

Hornberg ■ D 6

4900 Einwohner

»Da ging's aus wie's Schießen zu Hornberg, und mußten abziehen mit langer Nase«, läßt Friedrich Schiller in seinen »Räubern« Spiegelberg zu Karl Moor sagen. Hinter dieser Redensart steckt der Legende nach ein Besuch des Herzogs von Württemberg im Jahr 1564. Mit Geschützdonner wollte ihn die Stadt im Gutachtal empfangen, und als der Späher am Horizont eine Staubwolke sah, legten sich die Kanoniere ins Zeug. Um so größer war die Enttäuschung, als sich herausstellte, daß eine Rinderherde begrüßt worden war. Als der Herzog schließlich nach zwei weiteren Fehlalarmen die Stadt erreichte, waren die Hornberger ohne Pulver und nur zu noch »Piff-Paff«-Rufen fähig.

Was einst den Hornbergern viel Spott einbrachte, wird seit 1955 jeden Sommer auf der Freilichtbühne neu inszeniert. Von der mittelalter-

Die sogenannte »Donauquelle« im Schloß von Donaueschingen ist umstritten (→ S. 95).

lichen Burg auf dem Schloßberg, zu deren Füßen sich das Städtchen einst entwickelte, ist nur noch der Turm erhalten. Eine Kostbarkeit birgt die **Johannes-Täufer-Kirche**: Der hochgotische Chor stammt noch aus dem um 1300 entstandenen Vorgängerbau. Eisenbahnfreunden wird der hier verlaufende Abschnitt der Schwarzwaldbahn gefallen, der im 19. Jh. eine technische Meisterleistung war.
Verkehrsverbindung: Bahn

Rottweil ■ E 6

25 000 Einwohner

Zwischen Schwarzwald und Schwäbischer Alb, hoch über der Neckarschleife, liegt die älteste Stadt Baden-Württembergs. Schon vor 2000 Jahren war die Gegend besiedelt. Die eigentliche Stadtgründung erfolgte vor ca. 1200 Jahren. In der »schönsten der schwäbischen Reichsstädte« (Hansjakob) sind noch viele Häuser des 16. bis 18. Jh. erhalten. Auch die mittelalterliche Stadtbefestigung blieb teilweise bewahrt.

Wahrzeichen Rottweils ist der **Kapellenturm**, dessen unterer Teil 1360 fertiggestellt wurde. Das Dominikanermuseum und das Stadtmuseum lohnen einen Besuch, und im **Heilig-Kreuz-Münster** (13.–16. Jh.) sind kostbare Altäre zu sehen. Ganz anders als das gotische Münster präsentiert sich die ebenfalls schon auf das 13. Jh. zurückgehende **Predigerkirche**, die 1753 barock umgebaut wurde.

Weit über den Schwarzwald hinaus bekannt ist der Rottweiler **Narrensprung**. Wenn am Fastnachtsmontag und -dienstag um 8 Uhr morgens mehr als 2000 phantastisch gekleidete Narren durch das Schwarze Tor in die Stadt einfallen, kann sich niemand dem Zauber der alemannischen Fasnet entziehen.

TOPTEN 9

Hotel/Essen und Trinken

Haus zum Sternen
Es gilt als das urigste Hotel der Region, in dem man zwischen Biedermeier-, Barock- und Schwarzwaldzimmern die freie Auswahl hat. Auch die Küche des Hauses ist vielgelobt.
Hauptstr. 60
Tel. 07 41/5 33 00, Fax 53 30 30
16 Zimmer
Obere Preisklasse (AE, EC, Visa)

Museen

Dominikanermuseum
Römische Funde und gotische Skulpturen können hier besichtigt werden.
Am Kriegsdamm
Di–So 10–13 und 14–17 Uhr

Stadtmuseum
Das Museum beleuchtet die Kultur und den Alltag Rottweils zwischen 1750 und 1870.
Hauptstr. 20
Di–Sa 10–12 und 14–17,
So 10–12 Uhr
Verkehrsverbindung: Bahn

Schramberg ■ D 6/E 6

20 000 Einwohner

Die kleine, von den Burgruinen Hohenschramberg, Schilteck und Falkenstein umgebene Stadt ist in fünf Schwarzwaldtäler eingebettet und bietet das ganze Jahr über Möglichkeiten zur aktiven Erholung. Da sich hier der Sitz der Uhrenfirma Junghans (um die Jahrhundertwende die größte Uhrenfabrik der Welt) befindet, wundert es nicht, daß Uhren auch im **Stadtmuseum** breiten Raum einnehmen. Ein einmaliges Erlebnis ist die »Bach-na-Fahrt« auf der Schiltach am Rosenmontag (→ MERIAN-Tip, S. 32).

Museum

Stadtmuseum im Schloß
Den Höhepunkt der ständigen Uhrenausstellung bildet die über 4 m große Kunstuhr, die Arthur Junghans zur Weltausstellung 1900 in Paris entworfen hatte.
Sa, So, feiertags 10–12, 14–17 Uhr
Mai–15. Sept. Di–Fr 10–12, 14–18,
16. Sept.–April Di–Fr 14–18 Uhr
Verkehrsverbindung: Bahn bis Rottweil, weiter mit Bus Nr. 7478

Triberg

D 6/D 7

6000 Einwohner

Deutschlands höchste Wasserfälle (163 m über sieben Stufen), am oberen Rand Tribergs, sind nicht nur eine Augenweide, sondern auch eine Art Freiluftsanatorium: Die Strudel bewirken eine Ionisierung der Luft, die zusammen mit der Waldluft Linderung bei Atemwegsbeschwerden verspricht. Das »schönste Naturwunder Deutschlands« scheint auf keiner »Europa-in-Sieben-Tagen«-Tour zu fehlen, und den Tribergern füllt das Schauspiel die Kassen.

Kaum eine Ecke des 6000 Einwohner zählenden Kurorts im Gutachtal, an der es nicht »cuckoo clocks« zu kaufen gibt. Lange Zeit befand sich an der L 109 Richtung Schonach die größte Kuckucksuhr der Welt. 1993 wurde dann an der B 33 Richtung Hornberg eine größere errichtet. Beide können von innen betreten werden, aber schöner und origineller ist nach wie vor die mittlerweile zweitgrößte.

Auch die barocke Wallfahrtskirche **Maria in der Tann** (1705) an der B 500 Richtung Schönwald zählt zu Tribergs Kulturschätzen. Wer mehr auf Gaumenfreuden steht, sollte sich ein Abendessen im Parkhotel Wehrle gönnen.

Sehenswertes

Josef Dold Kuckucksuhr
In der »ersten« größten Kuckucksuhr der Welt hat der Erbauer Josef Dold auch eine kleine Uhrenwerkstatt mit Verkaufsraum eingerichtet.
An der L 109 Richtung Schonach
Tgl. 9–12, 13–18 Uhr

Museum

Schwarzwaldmuseum
Dieses Museum gibt einen Einblick in Geschichte, Kultur und Handwerksberufe der Gegend.
Wallfahrtstr. 4
Mai–Okt. 9–18 Uhr, Nov.–April 10–17 Uhr, 15. Nov.–15. Dez. nur Sa und So

Essen und Trinken

Parkhotel Wehrle
Das Haus, seit 1707 im Familienbesitz, ist berühmt für seine Forellengerichte.
Am Marktplatz/Gartenstr. 24
Tel. 0 77 22/86 02 0, Fax 86 02 90
Obere Preisklasse (AE, DC, EC, Visa)
Verkehrsverbindung: Bahn

Wutachschlucht

D 9

TopTen 10

Zahllose Superlative sind schon zur Beschreibung dieses einzigartigen Tales bemüht worden. Vom »schönsten Schwarzwaldtal« ist die Rede, »vom Grand Canyon des Schwarzwalds«, und wer das ca. 14 km lange Zentralstück zwischen Schattenmühle und Wutachmühle durchwandert hat, dem werden bestimmt noch weitere einfallen.

Tief hat sich die Wutach in den Muschelkalk eingegraben, hat steile Felswände stehenlassen und immer wieder ihren Lauf geändert. Seit 1939 steht das ganze Tal unter Naturschutz und gibt einen Eindruck davon, wie der Schwarzwald vor seiner Besiedelung und Nutzbarmachung ausgesehen hat. Der durch das feucht-warme Klima und die Unzugänglichkeit des Tales begünstigte Urwaldcharakter vor allem des unteren Talabschnittes, die außerordentlich vielfältige Flora und Fauna mit seltenen Orchideen und den verschiedensten Reptilien, rund 6000 Schmetterlingsarten und Eisvögeln, all dies sucht in Mitteleuropa seinesgleichen. Die Wanderung von **Bonndorf** (empfehlenswert ist der Abstieg durch die romantische Lotenbachklamm) bis zur **Wutachmühle** (ca. 18 km) ist aber nur mit festen Schuhen und bei guten Wetterbedingungen zu empfehlen.

Hotel

Gasthof Sommerau

Das traditionsreiche Haus liegt nur wenige Kilometer von Bonndorf entfernt im oberen Steinatal. Es wurde 1988 nach einem schweren Brand von der Wirtsfamilie Hegar wieder aufgebaut. Dabei wurden traditionelle und moderne Bauelemente in vorbildlicher Weise miteinander verknüpft, so daß das Gebäude mehrere Architekturpreise erhielt, darunter den Deutschen Holzbaupreis 1992. Hier gibt es keine touristische Schwarzwaldfolklore, hier verkehren auch keine Reisebusse (die nächste Landstraße ist gut 2 km entfernt), doch dafür findet man alles, was den Schwarzwald so anziehend macht: absolute Stille, anmutige Landschaft, gesundes Klima – und ausgezeichnetes Essen.

TOPTEN 4

79848 Bonndorf-Sommerau
Tel. 0 77 03/6 70, Fax 15 41
12 Zimmer
Restaurant Mo und Di geschl.
Mittlere Preisklasse
Verkehrsverbindung: Bahn bis Donaueschingen, dann mit Bus Nr. 7260 bis Wutachmühle oder Bonndorf, zur Wutachschlucht mit Bus Nr. 7; Sa und So auch Verbindung ab Bahnhof Löffingen mit dem SBG-Wanderbus

In der wildromantischen Wutachschlucht begegnet dem Wanderer eine naturbelassene Waldlandschaft.

Fernwanderweg Schonach-Belchen

Für Skilangläufer bietet diese Tour durch den Südschwarzwald ein einzigartiges Wintersporterlebnis.

100 Kilometer langer Fernwanderweg

Zumindest in den höheren Lagen kann man in den Wintermonaten auch relativ sicher sein, daß genügend Schnee gefallen ist.

1. Tag (30 Kilometer): Von Schonach (946 Meter) geht es durch abwechslungsreiches Gelände hinüber zum 100 Meter höher gelegenen **Schönwald** und zum Loipengebiet rund um die **Martinskapelle**, wo sich Rundloipen verschiedener Längen finden: letzte Gelegenheit, die Fernwanderung in einen Ein-Tages-Ausflug umzuwandeln und die Skier zurück nach Schonach gleiten zu lassen. Wer sich zum Weiterfahren entschlossen hat, gelangt über den **Brend** (1149 Meter) und vorbei an der Uhrenstadt **Furtwangen** entlang der europäischen Wasserscheide zwischen Rhein und Donau bis zur **Kalten Herberge**. Die 1030 Meter hohe Kuppe gilt als Deutschlands kältester Ort (Tel. und Fax 0 77 23/73 89, 14 Zimmer, Mittlere Preisklasse, AE, DC, EC, Visa).

Am »Briglirain«, der europäischen Hauptwasserscheide, entlang

2. Tag (30 Kilometer): Von der Kalten Herberge steigt der Weg wieder etwas an und führt vorbei an dem kleinen Ort **Waldau** zur **Thurnerspur**, einer 18 Kilometer langen, herrlich angelegten Rundloipe, an der sich eine Reihe von Gasthäusern befindet. Weiter geht es nun zur **Weißtannenhöhe** (1190 Meter), dem höchsten Punkt des heutigen Tages vor der stellenweise rasanten Abfahrt nach **Hinterzarten** (893 Meter, Tourist Information, Tel. 0 76 52/12 06 42).

Der Skispringer Dieter Thoma ist in Hinterzarten zu Hause

3. Tag (35 Kilometer): Die härteste Etappe des Fernwanderweges beginnt mit dem Aufstieg zum **Grüblesattel** (1422 Meter).

Verschneite Wipfel und eine schöne Fernsicht

Nun geht es nach Westen, erst bergab vorbei an der **Todtnauer Hütte**, dann wieder hinauf zum **Stübenwasen** (1386 Meter) und zum **Notschrei** (1119 Meter). Sollten verzweifelte Skilangläufer diesem Ort seinen Namen gegeben haben? Hier befinden sich jedenfalls mehrere Rundloipen. Man kann sich jedoch auch nach Norden wenden und mit der Schauinslandbahn ins Tal abfahren.

Auf die Konditionsstarken warten noch zwei weitere Herausforderungen: der Aufstieg zum **Trubelsmattkopf** (ca. 1250 Meter) und die nicht ungefährliche Abfahrt zum **Wiedener Eck** (1035 Meter). Die Wettkämpfer des »Rucksacklaufs« klettern von hier aus noch zum Hohtann an der Ostflanke des Belchen, normalsterblichen Skiwanderern sind jetzt wahrscheinlich eine Dusche und ein Bett im **Berghotel Wiedener Eck** (Tel. 0 76 73/90 90, Fax 10 09, 32 Zimmer, Mittlere und Obere Preisklasse) lieber.

Information zur Tour:
Arbeitsgemeinschaft Skiwanderwege
Schwarzwald e.V.
Haus des Gastes
78136 Schonach
Tel. 07722/964810

Dauer: 3 Tage
Karte: → Klappe hinten ■ D 6/B 9

Die hübschen Holzwegweiser sprechen von einer langen Wandertradition.

Die Schwarzwälder Tourismusrouten

Da kommt man in den Schwarzwald, um herrliche Natur und »heile Welt« zu genießen – und dann ist man mit dem Auto unterwegs.

Autotourismus – zwei Seiten einer Medaille

Ausgerechnet mit dem Verkehrsmittel, das dem Wald seit Jahrzehnten an den Lebensnerv geht. An diesem Widerspruch zwischen Wunsch und Wirklichkeit kommen auch die Stadtverwaltungen und Fremdenverkehrsämter nicht vorbei. So bemüht man sich zwar intensiv um eine stetige Verbesserung der öffentlichen Verkehrsverbindungen (→ Mit und ohne Auto, S. 14), doch sind im gesamten Gebiet auch verschiedene, in der Regel gutausgeschilderte Auto-Touren gekennzeichnet. Die wichtigsten stellen wir Ihnen hier kurz vor:

Die Badische Weinstraße

Tour durch das drittgrößte deutsche Weinanbaugebiet

Die 160 Kilometer lange Tour wurde von geschäftstüchtigen Winzern ins Leben gerufen und führt entlang des Schwarzwald-Westrandes von **Baden-Baden** über **Offenburg, Lahr, Herbolzheim, Freiburg** und **Müllheim** nach **Lörrach**. Dabei durchquert oder streift sie die verschiedenen Anbaugebiete des sonnenverwöhnten Badischen

Beliebtes Ferienziel: die Gegend um St. Märgen.

Weins: das Baden-Badener Rebland, die Ortenau, den Kaiserstuhl, den Breisgau und das Markgräfler Land. Die reizvolle Landschaft und die badische Küche machen die Weinstraße zu einer wahren Genießer-Strecke.

Silvaner vom Kaiserstuhl, Müller-Thurgau aus dem Breisgau oder Riesling aus der Ortenau

Dauer: 1–2 Tage
Karte: → Klappe vorne und hinten

Die Schwarzwald-Bäderstraße

Diese 270 Kilometer lange Rundtour führt in die bedeutenden Heil- und Kurorte des nördlichen Schwarzwalds, deren Sehenswürdigkeiten man sich je nach Zeitplan ansehen sollte. Ausgangspunkt ist **Pforzheim,** von dort geht es über **Neuenbürg, Bad Herrenalb, Bad Wildbad** und **Baiersbronn** nach **Freudenstadt,** dem südlichen Wendepunkt der Strecke. **Altensteig, Nagold, Bad Teinach-Zavelstein, Calw, Hirsau** und **Bad Liebenzell** heißen die Stationen auf dem Weg zurück nach Pforzheim.

Baden je nach Geschmack: in Erlebnis-, Kur- und Thermalbädern

Dauer: 3 Tage
Karte: → Klappe vorne

Über die Schwarzwald-Hochstraße

Die älteste der touristischen Auto-Routen im Schwarzwald führt auf der B 500 über 65 Kilometer von Baden-Baden nach Freudenstadt. Der größte Teil der Strecke bewegt sich zwischen 700 und 1100 Höhenmetern. Sie ist sehr gut ausgebaut und stark befahren. Nur eine einzige Ortschaft – **Kniebis** bei Freudenstadt – wird von der Panoramastraße durchquert. Dafür liegen am Wegesrand eine Reihe erstklassiger Hotels und Restaurants, wie z. B. das **Schloßhotel Bühlerhöhe** (→ MERIAN-Tip, S. 17). Herrliche Aussichtspunkte wie die **Hornisgrinde** auf 1164 und der **Ruhestein** auf 913 Höhenmetern laden zum Verweilen ein.

Unvergleichliche Tiefblicke vom Bergkamm in die Täler

Die Schwarzwald-Hochstraße kann man auch mit Linienbussen befahren: ab Baden-Baden direkt mit Bus Nr. 245; ab Bühl Nr. 263 bis Sand,

Etliche Parkplätze bieten sich als Ausgangspunkt für Spaziergänge oder Wanderungen an

dort umsteigen in Bus Nr. 245, der zum Mummelsee fährt. Allerdings sind dann Abstecher – wie etwa das Lierbachtal hinunter zur **Klosterruine Allerheiligen** – nur schwer möglich.

Dauer: 1 Tag
Karte: → Klappe vorne

Die Schwarzwald-Panoramastraße

Vom Kandel reicht die Fernsicht bis zu den Alpen

Berühmter Trainingsplatz für Skispringer: die Hinterzartener Adlerschanz

Landschaftlich und von der Streckenführung her ist diese Route auf jeden Fall eine Alternative zur Schwarzwald-Hochstraße. Auf kurvenreichen Nebenstraßen geht es über 70 Kilometer von **Waldkirch** hinauf auf den 1243 Meter hohen **Kandel**. Hier besteht die Möglichkeit, auf einem der Rundwanderwege einen Spaziergang zu machen, bevor man weiter über **St. Peter** nach **St. Märgen** mit seiner barocken Klosterkirche fährt. Das letzte Stück führt über **Breitnau** nach **Hinterzarten** am westlichen Ende des Höllentals. Hier kann man den Ausflug mit einer Fahrt mit der Höllentalbahn abschließen.

Dauer: 1 Tag
Karte: → Klappe hinten

Die Route Verte – die Grüne Straße

Eine ca. 100 Kilometer lange »Freundschafts-Straße«

Die Route Verte führt vom Schwarzwald nach Westen quer durch die Rheinebene und das Elsaß. Sie wurde in den sechziger Jahren ins Leben gerufen und hat ihre Bedeutung als Symbol der deutsch-französischen Freundschaft im Lauf der Jahre stetig gefestigt.

Die Strecke beginnt in Titisee-Neustadt und führt über Hinterzarten, Kirchzarten und Freiburg zur Grenze in Breisach/Neuf-Brisach. Wer hier neugierig geworden ist, kann die Fahrt westlich des Rheins über Colmar, Géradmer, Epinal und Vittel bis Contrexéville am Westrand der Vogesen fortsetzen.

Dauer: 3 Tage
Karte: → Klappe hinten

Mit Volldampf durch den Schwarzwald

Ein einmaliges Erlebnis für alt und jung ist die Fahrt mit einem historischen Dampfzug auf einer der fünf Museumsstrecken.

Vorher sollten Sie auf jeden Fall telefonisch Auskünfte einholen, denn die Fahrten finden meist nur im Sommer und an bestimmten Wochentagen statt.

Hier dient die Bahn nicht nur zum Transport, sondern auch zur Unterhaltung

TOPTEN 8

1. Sauschwänzlebahn: Die bekannteste und technisch bedeutsamste historische Bahn des Schwarzwalds, die Museumsbahn Wutachtal, schlängelt sich auf knapp 26 Kilometern von **Blumberg** nach **Weizen** und wieder zurück. Der Volksmund nennt sie »Sauschwänzlebahn« nach dem **Stockhalde-Spiraltunnel**, dem einzigen Kreiskehrtunnel Deutschlands. Auf der 1700 Meter langen 360-Grad-Schlaufe im Berginneren werden gut 15 Meter Höhenunterschied überwunden.

Tunnels, Schleifen und Spiralen für 231 Meter Höhendifferenz auf 9,6 Kilometer Luftlinie

Diese außerordentliche Ingenieurleistung der Jahre 1887 bis 1890 entsprang strategischem Kalkül: Mögliche Militärtransporte benötigten Wege, die nicht durch Schweizer Hoheitsgebiet führten. Vier filigrane Eisenviadukte und sechs Tunnels waren dazu nötig – zur Freude der Reisenden unserer Tage.

Information:
Verkehrsamt, 78176 Blumberg,
Tel. 0 77 02/51 27

2. Achertalbahn: Die Achertalbahn verkehrt zwischen **Achern** und **Ottenhöfen**. Ihr vielfältiger Wagenpark aus dem 19. Jahrhundert enthält echte Raritäten.

Information:
Kurverwaltung, 77883 Ottenhöfen,
Tel. 0 78 42/8 04 44

Blick auf die 1853 durch Brand zerstörte Klosterkirche

3. Albtalbahn: Mit ihr kann man sich gemütlich am Nordrand des Schwarzwalds von **Ettlingen** nach **Bad Herrenalb** befördern lassen, vorbei an **Marxzell** mit dem interessanten Fahrzeugmuseum und an der Klosterruine **Frauenalb.**
Information zu Dampflokfahrten:
Ulmer Eisenbahnfreunde, Tel. 0 72 47/2 12 30 oder 07 11/2 26 19 58

Ca. 40 Minuten dauert die 13 Kilometer lange Fahrt

4. Kandertalbahn: Das über hundert Jahre alte »Chanderli« fährt, größtenteils durch die Rheinebene, von **Kandern** nach **Haltingen** bei Basel. Der Fahrgast kann zwischen historischem Dampfzug und Triebwagen wählen.
Information:
Städtisches Verkehrsamt, 79400 Kandern, Tel. 0 76 26/70 54

In Breisach von der Bahn auf's Schiff wechseln?

5. Rebenbummler: Nomen est omen: Hier zuckelt man durch die kleinen Dörfer, Weinberge und Obstanlagen des Kaiserstuhls. Die 50 Kilometer lange Fahrt führt von **Riegel** nach **Breisach,** wo ein vierstündiger Aufenthalt die Möglichkeit einer kleinen Rheinkreuzfahrt oder eines Abstechers ins Elsaß nach **Neuf-Brisach** eröffnet.
Information:
Eisenbahnfreunde Breisgau, Eschholzstr. 40, 79106 Freiburg, Tel. 07 61/7 72 81

Dauer: jeweils 1 Tag
Karte: → Klappe vorne

Was ein »goldener Herbst« ist, das wird im Schwarzwald deutlich.

Über die schönsten Schwarzwaldgipfel

Gemütliches Rollen im Tal oder sportliches Gipfelstürmen – die Fremdenverkehrsämter halten Tourenvorschläge für jede Leistungsklasse bereit.

Die hier beschriebene Route läßt sich privat oder auch als organisierte Fahrt durchführen. Sollten Sie Interesse haben, in der Gruppe zu radeln und sich nicht um Übernachtung und Gepäcktransport kümmern zu müssen, liegen Sie mit dem 7-Tage-Pauschalangebot der Tourist Information Feldberg (Tel. 0 76 65/80 19) richtig. Die Doppelangaben der Kilometer beziehen sich auf die Normalstrecke und die angegebenen Abstecher.

1. Tag (32/50 Kilometer): Ausgangspunkt dieser leichten Tagesetappe zum Eingewöhnen ist **Feldberg-Bärental**. Über Feld- und Waldwege führt der Weg am **Feldsee** vorbei zum **Rinken** und dann hinauf zur **Zastler Hütte**. Bei der **St.-Wilhelmer Hütte** ist die Umrundung des Feldberggipfels fast komplett, und nach dem erneuten Aufstieg zum **Stübenwasen** läuft das Rad fast alleine Richtung **Notschrei** und dann zum **Wiedener Eck**. Sportlich Ambitionierte können jetzt noch den **Belchen** erklimmen.

Umrundung des Feldbergs (1493 Meter), der höchsten Erhebung des Schwarzwalds

2. Tag (45/60 Kilometer): Diese Etappe enthält nur wenige flache Stücke. Sie führt zunächst einmal rund 750 Höhenmeter abwärts, durch das **Münstertal** bis in die Oberrheinebene nach **Staufen**. Nach wenigen Kilometern auf der Badischen Weinstraße gelangt man nach **Ehrenstetten** und von dort nach **Bollschweil** (328 Meter). Dort empfiehlt sich eine Rast, denn nun heißt es, in die Pedale zu treten.

Vorbei am Besucherbergwerk Teufelsgrund und am Kloster St. Trudpert

In **St. Ulrich** (573 Meter) ist der erste Teil geschafft, aber Entspannung ist erst nach dem Ser-

Die 800 Höhenmeter hinauf auf den Schauinsland übernimmt gerne die Seilbahn

pentinenanstieg zum **Eckhof** (847 Meter) angesagt. Bis zur Talstation der **Schauinslandbahn** geht es jetzt nur noch bergab. Sportler können sich hier einer letzten Herausforderung stellen und die 800 Höhenmeter zum **Schauinsland** (1284 Meter) auf dem Drahtesel erklimmen. Die Abfahrt bis zum Etappenziel **Hofsgrund** haben sich jedenfalls alle verdient.

3. Tag (29/53 Kilometer): Auch dieser Tag beginnt mit einer Abfahrt. Vorbei am **Bergwildpark Steinwasen** läuft das Rad bequem bis **Kirchzarten** (387 Meter). Dort nimmt man am besten die Nebenstrecke über Höfen nach **Himmelreich,** überquert die B 31 und klettert dann durch das dichtbewaldete Wagensteigtal hinauf nach St. Märgen (860 Meter). Zum »Ausrollen« bietet sich noch eine Fahrt zur **Hexenlochmühle** an. Die kurvige Strecke führt das enge Glaserbachtal hinunter durch **Altglashütte** bis zur Mündung der **Wildgutach** und ist an landschaftlichem Idyll kaum zu überbieten.

Von St. Märgen blickt man auf die »alten Bekannten« Feldberg und Schauinsland

4. Tag (26/39 Kilometer): Von **St. Märgen** bewegen wir uns südwärts, überqueren am **Schweizerhof** die B 500 und gelangen durch das **Josbachtal** nach **Titisee-Neustadt**. Nach einem Gang durch die Kurstadt gelangt man in südwestlicher Richtung zum **Titisee** und von dort nach **Lenzkirch-Saig**. Ein Abstecher zum **Hochfirst** ist für mittlerweile konditionsstarke Radler kein Problem mehr.

In Titisee-Neustadt beeindruckt das St.-Jakob-Münster

5. Tag (40 Kilometer): Von Saig bis in den schönen Hauptort **Lenzkirch** sind es nur wenige Kilometer. Nach einem kurzen Stück auf der B 315 Richtung Bonndorf zweigen wir nach rechts ab und gelangen über **Grünwald** auf einen Bergsattel (1062 Meter). Kurz danach zweigt der Weg links nach **Faulenfürst** und **Seebrugg** am Ufer des Schluchsees ab. Auf dem Seerundweg am Südufer entlang gelangt man über **Altglashütten** wieder zurück nach **Feldberg-Bärental.**

Am Schluchsee wird mit einem Speicher- und Treppensystem Strom erzeugt

Dauer: 5 Tage
Karte: → Klappe hinten

Der Westweg

Daß der Schwarzwald ein Wanderparadies ist, muß man nicht besonders hervorheben. Wege mit einer Gesamtlänge von 30000 Kilometer wollen erkundet werden.

Der berühmteste und wohl auch der anspruchsvollste düfte der mit einer roten Raute auf weißem Feld gekennzeichnete **Westweg** sein. Er überquert das Mittelgebirge von seiner nordöstlichen bis zu seiner südwestlichen Ecke und führt dabei über die höchsten Gipfel. Etwa 6000 Höhenmeter überwinden Wandersmann und Wandersfrau im stetigen Auf und Ab zwischen Pforzheim und Basel.

Auf der »Königsroute« einmal quer über den Schwarzwald

Doch muß ja niemand gleich die ganzen 277 Kilometer zurücklegen. Für Ungeübte reichen wahrscheinlich eine oder mehrere Tagesetappen. Ausführliche Informationen mit Hinweisen zu Übernachtungsmöglichkeiten und Gepäcktransport erhält man gegen eine geringe Gebühr bei der Touristik Nördlicher Schwarzwald (→ Auskunft, S. 116).

1. Tag (22 Kilometer): In **Pforzheim-Kupferhammer**, aus 254 Meter Meereshöhe, geht's los. Erst hinüber nach **Sonnenberg** und **Birkenfeld**, dann über die Wilhelmshöhe nach **Neuenbürg**

Feldwege in schöner Landschaft – hier im Bärental – laden überall zum Wandern ein.

und vorbei an Schwann und Conweiler zur **Schwanner Warte** mit einem Platz für die Mittagsrast. Die zweite Hälfte der Etappe hinauf nach **Dobel** (690 Meter) führt dann durch dichten Wald.

Botanisch interessantes Hochmoor

2. Tag (22 Kilometer): Höchster Punkt dieser Etappe ist die Prinzenhütte (976 Meter) am **Hohlohsee** bei Kaltenbronn, dem westlichsten Ausläufer des Naturschutzgebietes Wildsee. Bis dorthin sind es etwa 16 Kilometer, und der Weg führt stetig bergauf. Die letzten Kilometer nach **Forbach** stellen dann die Knie noch einmal vor eine Belastungsprobe, gilt es doch, in steilen Serpentinen 600 Höhenmeter hinabzusteigen.

Sauerstoffarmer, 2,5 Kilometer langer Stausee

3. Tag (20 Kilometer): Von **Forbach** führt der Westweg weiter südwestlich und passiert auf dem Weg zum **Seekopf** (1001 Meter) die 1922 bis 1926 erbaute, 2,5 Kilometer lange **Schwarzenbachtalsperre**. Wem diese Steigungen nicht ausreichen, der kann die Rast auf der **Badener Höhe** (1002 Meter) zum Besteigen des Aussichtsturms nützen und eine herrliche Rundumsicht genießen, bevor es auf die letzten Kilometer nach **Unterstmatt** (928 Meter) geht.

Im Mummelsee wohnen der Sage nach »Mummeln« (Nixen)

4. Tag (25 Kilometer): Angesichts der moderaten Höhenunterschiede beinahe ein Erholungstag, der aber zahlreiche schöne Ausblicke bietet. Von **Unterstmatt** geht es über die **Hornisgrinde** – mit 1164 Metern höchster Berg des Nordschwarzwalds – zum Mummelsee. Von dort verläuft der Westweg mehr oder weniger parallel zur Schwarzwaldhochstraße Richtung Süden, überquert **Altersteiger Kopf** (1094 Meter), **Ruhestein** (1015 Meter) und **Schliffkopf** (1055 Meter) und führt zum Höhenhotel mit dem verheißungsvollen Namen **Zuflucht**.

Bild S. 111: Malerisch und unberührt, als ob die Zeit stehengeblieben ist – die Schwarzwälder Bauernhäuser.

5. Tag (35 Kilometer): Die anspruchsvollste Etappe führt zuerst zur **Alexanderschanze** (968 Meter) und von dort stetig bergab. Vorbei am kleinen **Glaswaldsee** gelangt man durch dichten Wald bis zur Hütte am **Kreuzsattel**, wo schon über die

Hälfte des Weges geschafft ist. Nach der Ankunft in **Hausach** (237 Meter), dem tiefsten Punkt der Wanderung übehaupt, gibt's nur noch eins: Stiefel ausziehen und die Schmerzen mit einem Fußbad verjagen.

Schonach ist als Ort für nordischen Skisport bekannt

6. Tag (22 Kilometer): Wir verlassen das schöne Kinzigtal Richtung Süden und steigen hinauf zum **Farrenkopf** (789 Meter). In beständigem Auf und Ab gelangt man danach über die **Prechtaler Schanze** und den **Karlstein** zur **Wilhelmshöhe** (980 Meter), von wo es nur wenige Meter bis zum nächsten Etappenziel Schonach sind.

Bei schönem Wetter: Sicht auf Vogesen und Schweizer Alpen!

7. Tag (29 Kilometer): Von Schonach geht es wieder in die Höhe, zum **Wolfbauernhof** mit einem sehenswerten Kruzifix an der Hauswand. Je weiter man nun nach Süden gelangt, desto abwechslungsreicher wird die Landschaft. Der dunkle Wald ist immer mehr mit Wiesen durchsetzt, die besonders im Frühjahr und Sommer einen herrlichen Anblick bieten. Über den **Birglerain**, die Wasserscheide zwischen Rhein und Donau, gelangt man zum **Brend** (1149 Meter), dem höchsten Gipfel des heutigen Abschnitts. Unweit der **Hexenlochmühle** beschreibt der Westweg dann einen Bogen zur **Kalten Herberge** und zum **Thurner** (1036 Meter), dem Ziel dieser Höhenetappe.

Gipfel- und Hangzone des Feldbergs sind Naturschutzgebiet

8. Tag (30 Kilometer): Das heutige Ziel ist der **Feldberg** (1493 Meter). Doch vor dem Rundblick auf Alpen, Jura und Schwäbische Alb (bei gutem Wetter) gilt Schillers Motto: »Von der Stirne heiß, rinnen muß der Schweiß«. Vom **Thurner** gelangt man über die **Weißtannenhöhe** (1190 Meter) zum touristischen **Titisee**, von wo der Weg langsam und stetig auf den höchsten Schwarzwaldgipfel führt.

9. Tag (22 Kilometer): Auf dem Feldberg teilt sich der Westweg. Wir beschreiben hier die kürzere West-Route. Die Wegstrecke zum zweithöchsten Schwarzwaldberg verläuft immer oberhalb der 1000-Meter-Höhenlinie. Für mittlerweile trainierte Wanderer ist die Etappe über das **Wiedener Eck** zum **Belchen** (1415 Meter) kein Problem. Um so mehr lassen sich die Ausblicke genießen, die die kahle Kuppe des Belchen zuläßt.

»Belchen« heißen im Alemannischen Berge mit waldfreien Kuppen

10. Tag (26 Kilometer): Ein Abstieg von über 1000 Höhenmetern steht bevor. **Weiherfelsen** (1038 Meter) und **Blauen** (1164 Meter) sind die markantesten Punkte, bevor es hinab ins Markgräfler Land nach **Kandern** (352 Meter) geht.

Von den Bergen hinab ins Markgräfler Land

11. Tag (24 Kilometer): Durch Laubwald und Weinberge gelangt man nun zügig, leider viel zu oft auf asphaltierten Wegen, in die Schweizer Grenzstadt **Basel** oder aber nach **Lörrach** oder **Weil am Rhein** auf der deutschen Seite. Nach fast zwei Wochen naturnahem Wandern in jedem Falle ein Kontrastprogramm.

Ankunft im Dreiländereck

Dauer: 11 Tage
Karte: → Klappe vorne

Nicht nur Wald, sondern eine artenreiche Vegetation hat der Schwarzwald zu bieten.

Auf dem Weg der Uhrenträger

Vor den Zeiten der Motorisierung transportierten Uhrenträger die kostbare Fracht ins Tal.

Da die kleinen Schwarzwälder Uhrenwerkstätten in oftmals schwer zugänglichen Bergregionen lagen, gab es keine andere Transportmöglichkeit. So entstand die **Deutsche Uhrenstraße**, die sich auf ca. 220 Kilometer Länge durch den Schwarzwald schlängelt. Informationen und Buchung über die **Uhrenträgergemeinschaft**, Postfach 1423, 78094 Triberg, Tel. 0 77 22/86 02 36, Fax 86 02 90.

1. Tag

Die Bregquelle: der mündungsfernste Donauursprung

Beginnend in **Triberg** führt der Weg entlang der Wasserfälle den Berg hinauf zum Hochmoorgebiet des Blinden Sees. Von dort gelangt man südwärts zur **Martinskapelle** mit der **Bregquelle** und über den Brend zum **Höhenhotel Neueck** (Vordertal 55, Tel. 0 77 23/20 83, Fax 53 61, 52 Zimmer, Mittlere Preisklasse) zwischen Furtwangen (mit dem sehenswerten Uhrenmuseum) und Gütenbach.

2. Tag

Uhrensammlung im Rathaus von St. Märgen

Eine abwechslungsreiche Strecke durch verschiedene Täler führt nach St. Märgen (Hotel Hirschen, Feldbergstr. 9, Tel. 0 76 69/7 87, Fax 13 03, 44 Zimmer, Mittlere Preisklasse), wo es eine Uhrensammlung gibt.

3. Tag

Diese schöne Höhenwanderung mit stetigem Wechsel von Wald- und Wiesenlandschaft ermöglicht bei gutem Wetter herrliche Ausblicke über das Rheintal zu den Vogesen. Der Weg bringt Sie dann nach **Titisee-Neustadt** (Romantik-Hotel Adler-Post, Hauptstr. 16, Tel. 0 76 51/50 66, Fax 37 29, 30 Zimmer, Obere Preisklasse).

4. Tag

Nun geht es über den Hochfirst (1190 m) hinunter ins **Haslachtal**, hinauf zu den Klosterruinen von Grünwald und durch ein ausgedehntes Waldgebiet bis nach **Bonndorf** (Schwarzwaldhotel, Rothausstr. 7, Tel. 0 77 03/42 12, Fax 4 42, 77 Zimmer, Mittlere/Obere Preisklasse).

Hochfirst mit Gasthaus und Aussichtsturm

5. Tag

Auf dem Abschnitt nach **Friedenweiler** (Hotel Ebi, Klosterstr. 4, Tel. 0 76 51/75 74, Fax 9 22 49 35, 20 Zimmer, Obere Preisklasse) streift der Weg mit der **Wutach-** und der **Rötenbachschlucht** zwei der romantischsten Flecken des gesamten Schwarzwaldes mit einmaliger Flora.

Der »Grand Canyon des Schwarzwaldes«

6. Tag

Sanfte Steigungen führen durch die Täler von Eisenbach und Breg in den Erholungs- und Wintersportort **Vöhrenbach** (Gasthof Kreuz, Friedrichstr. 7, Tel. 0 77 27/70 17, Fax 72 44, 15 Zimmer, Mittlere Preisklasse).

Im schmucken »Uhrmacherhäusle« finden Ausstellungen statt

7. Tag

Auf einem schönen Höhenweg geht es nun über Unterkirnach in die alte Zähringerstadt **Villingen** (Hotel-Kurcafé Bosse, Oberförster-Ganter-Str. 9, Tel. 0 77 21/5 80 11, Fax 5 80 13, 35 Zimmer, Obere Preisklasse).

8. Tag

Bequem läuft der Weg nun nach **Königsfeld** (Gästehaus Regenbogen, Mozartweg 4, Tel. 0 77 25/9 43 99-0, Fax 9 43 99 39, 13 Zimmer, Mittlere Preisklasse).

9. Tag

Auf einem schönen und abwechslungsreichen Höhenweg geht es nach Westen. Ein Abstecher zur ältesten Schwarzwaldkirche in Buchenberg kostet kaum Zeit, und schließlich gelangt man durchs **Nußbachtal** nach Triberg.

Dauer: 9 Tage
Karte: → Klappe hinten

Auskunft

In jeder größeren Gemeinde des Schwarzwalds gibt es ein Fremdenverkehrsamt oder eine vergleichbare Einrichtung. Sollten Sie diese nicht sofort finden, empfiehlt sich der Gang zum Rathaus. Entweder befindet sich dort das gesuchte Büro, oder man zeigt Ihnen den Weg.

Adressen und Telefonnummern der Tourist-Informationen der Hauptorte finden Sie in diesem Band im jeweiligen Service-Teil. Für allgemeine Informationen:

Schwarzwald Tourismusverband
■ b 2, Umschlag Rückseite
Bertoldstr. 45
79098 Freiburg
Tel. 07 61/3 13 17, Fax 3 60 21
http://www.Schwarzwald-tourist-info.de
mail@Schwarzwald-tourist-info.de

Touristik Nördlicher Schwarzwald ■ F 1
Am Waisenhausplatz 26
75172 Pforzheim
Tel. 0 72 31/1 79 29, Fax 35 76 91

Tourist-Info Mittlerer Schwarzwald und Ortenau ■ C 4
Badstr. 20
77652 Offenburg
Tel. 07 81/80 54 39, Fax 80 56 27

Tourismus Südlicher Schwarzwald
nördlich ■ d1, Umschlag Rückseite
Stadtstr. 2
79104 Freiburg
Tel. 07 61/2 18 73 04, Fax 2 18 75 34

Schwarzwaldverein e.V.
■ a 3 (verdeckt), Umschlag Rückseite
Hauptgeschäftsstelle
Wilhelmstr. 1 e
79098 Freiburg
Tel. 07 61/38 05 30, Fax 3 80 53 20

Camping

Es gibt im Schwarzwald 66 Campingplätze, meist eingebettet in herrlicher Landschaft. Besonders im Südschwarzwald liegen sie so dicht beieinander, daß auch Radfahrer und sogar Wanderer ohne Probleme jeden Abend einen neuen Zeltplatz erreichen können.

Eine ausführliche Broschüre mit genauen Beschreibungen, Adressen und Telefonnummern gibt es beim Schwarzwald Tourismusverband (s. o.).

Eintrittspreise

Die Eintrittspreise für Museen, Bäder usw. belaufen sich, wo nicht anders angegeben, nur auf wenige Mark.

Feiertage

Neben den bundesweit einheitlichen Feiertagen werden im katholischen Schwarzwald auch die Heiligen Drei Könige (6. Jan.), Fronleichnam, Mariä Himmelfahrt (15. Aug.) und Allerheiligen (1. Nov.) begangen. Die heiße Phase der Faschingszeit, beginnend mit dem »Schmutzigen Donnerstag«, muß als halboffizielle Festzeit gerechnet werden, in der bei Umzügen viele Geschäfte geschlossen haben.

Fernsehen

Das Kabelangebot umfaßt mehr als 30 Kanäle. Über Antenne sind ARD, ZDF und Südwest 3 zu empfangen, in manchen Gegenden auch RTL und SAT 1.

In den westlichen Teilen des Schwarzwaldes kann man auch die staatlichen französischen Programme sehen, allerdings braucht es dazu einen Kabelanschluß.

Gästekarte

Seit der Saison '97 präsentiert der Schwarzwald einen neuen Service: Die »Schwarzwald-Gästekarte«, die von zahlreichen Tourismusorten ausgegeben wird, bietet Preisnachlässe für Museen, Schwimmbäder sowie Freizeit- und Sporteinrichtungen. Hinzu kommen Angebote von Winzergenossenschaften, Hotels und Gaststätten. Die Kur- und Gästekarten der einzelnen Orte werden von allen Gemeinden anerkannt, die sich dem neuen, in Deutschland einzigartigen Verbund angeschlossen haben.

Gesundheit

Der Schwarzwald ist Zeckengebiet. Die blutsaugenden Parasiten lassen sich von Bäumen und Sträuchern auf Mensch und Tier fallen, saugen sich einige Tage lang voll und fallen dann wieder ab. Das Gefährliche daran ist, daß Zecken, wenn auch nur in seltenen Fällen, Hirnhautentzündung übertragen können. Sie kündigt sich durch Symptome an, die einer Grippe ähneln. Seien Sie also im Falle eines Zeckenbisses wachsam und lassen Sie sich von Ihrem Hausarzt über Möglichkeiten und Risiken einer Schutzimpfung aufklären.

Kuren/Kurtaxe

Kein Bundesland hat mehr Bäder als Baden-Württemberg. Der Schwerpunkt liegt eindeutig im Schwarzwald, dessen anregendes Schwarzwaldklima ideal für Heil- und Erholungskuren ist. Die heilklimatischen Kurorte des ganzen Landes haben sich im

Heilbäderverband Baden-Württemberg
Luisenstr. 4
78073 Bad Dürrheim
Tel. 0 77 26/66 62 83, Fax 66 63 03
zusammengeschlossen, der verschiedene Informationsbroschüren herausgibt.

Die gesundheitsfördernden Einrichtungen sind oft allgemein zugänglich, daher erheben viele

Ein weiterer Aussichtsplatz zum Genießen ist der Blauen-Gipfel.

Hotels und Pensionen auch bei Kurzaufenthalten eine Kurtaxe von bis zu 3 DM pro Person und Tag.

Notruf

Polizei: 110
Feuerwehr: 112

Politik

Die Regierung unter Ministerpräsident Teufel wird von CDU und FDP gestellt, dritte Kraft im Landtag wurden die Grünen mit 12,1 %, die SPD erzielte hier 1996 ihr schlechtestes Nachkriegsergebnis.

Seit einigen Jahren sorgt der Ort Schönau für Schlagzeilen. Nach Tschernobyl bildete sich hier eine Bürgerinitiative mit dem Ziel, die Energieversorgung selbst in die Hand zu nehmen. Mit landschaftstypischer Sturheit und trotz gewaltiger Widerstände aus Politik und von Seiten der alten Energieversorger setzten sich die streitbaren Bürger durch. Am 1. Juli 1997 konnten die neugegründeten Elektrizitätswerke Schönau die Stromversorgung der kleinen Stadt übernehmen.

Reisewetter

Das Wetter des Schwarzwalds ist so vielseitig wie die Landschaft: Die Oberrheinebene gilt mit rund 10 °C im Jahresdurchschnitt als wärmste Gegend Deutschlands. Je 100 m Höhenanstieg sinkt die jährliche Durchschnittstemperatur um 0,6 °C.

Der wein- und obstbaufreundliche Westrand des Mittelgebirges ist reich an Niederschlägen, die Richtung Osten deutlich weniger werden und in der Wintersportsaison von Dezember bis März meist als Schnee fallen. Im Herbst kann es in den Tälern oft sehr neblig sein, während man auf den Berggipfeln die Fernsicht genießt. Zum Wandern eignen sich Herbst und Frühjahr besonders gut, aber auch im Sommer wird es nur selten unangenehm schwül.

Die genauen Klimadaten von **Freudenstadt**

		Januar	Februar	März	April	Mai	Juni	Juli	August	September	Oktober	November	Dezember
Durchschnittl. Temp. in °C	Tag	1,87	3,2	7,9	11,8	16,5	19,8	21,6	21,3	18,2	12,4	6,5	2,6
	Nacht	-4,7	-4,1	-1,3	2,3	6,1	9,4	11,2	10,7	8,4	4,0	0,1	-3,4
Sonnenstunden pro Tag		2,0	2,8	3,9	5,0	6,3	7,3	8,1	6,8	6,2	4,8	2,2	1,8
Regentage		15	13	12	13	12	14	14	12	12	11	12	12

Quelle: Deutscher Wetterdienst, Offenbach

Sprache

Etwa 80 Prozent der Bewohner des Schwarzwaldes – Zugereiste ausgenommen – sprechen niederalemannisch, zumindest aber alemannisch gefärbtes Hochdeutsch.

Charakteristisch dafür sind das beständige Auf und Ab der Sprachmelodie sowie eine sehr kehlige Aussprache, die die Nähe zur (hochalemannischen) Schweiz verrät. Im Osten geht der Dialekt immer mehr ins Schwäbische über, im Norden finden sich nordbadisch-pfälzische Einflüsse, was sich aber nur bedingt fördernd auf die Verständlichkeit für Besucher von jenseits des »Weißwurstäquators« auswirkt. Wenn Sie nichts verstehen sollten: geduldig nachfragen.

Tiere

Im Schwarzwald haben viele Hotels, Gasthöfe und Pensionen generell ein Herz für Tiere. Da aber jedes Haus nur eine begrenzte Anzahl von Vierbeinern verkraftet, empfiehlt sich bei den Unterkünften vorher telefonisch nachzufragen. Die Touristik Nördlicher Schwarzwald (→ Auskunft, S. 116) gibt auch kostenlos die Sonderschrift »Hundefreundliche Häuser« heraus.

Wirtschaft

Wo Wald ist, gibt es die **Holzwirtschaft** und die damit verbundenen Gewerbe. Allerdings hat sich das Gesicht des Waldes schon vor Jahrhunderten aus wirtschaftlichen Gründen gewandelt; die Mischvegetation mußte vielerorts dem effektiveren Fichtenholz, wenn nicht gar dem Kahlschlag weichen. Die Waldbauern waren früher meist reicher und angesehener als die Getreidebauern, und auch die Flößergesellschaften, die die Stämme zum Rhein hinunterschaffen ließen, hatten große Bedeutung. Während die Waldwirtschaft noch heute Bestand hat (die zahlreichen Sägewerke und die sich mühsam bergauf, bergab schleppenden Holzlaster zeugen davon), ist das Flößen passé, ebenso wie die **Köhlerei**, die zu den gängigsten Gewerben im Schwarzwald zählte.

Die **Glasbläser**, die ihre Kunst schon im 12. Jh. ausübten, lebten ebenfalls von den Schätzen des Waldes. In den Bächen fanden sie den benötigten Quarzsand, der mit aus Buchenholz gewonnener Pottasche verschmolzen wurde. Auch die Glasbläserhütten trugen viel zum Raubbau am Wald bei, da sie neben dem Buchenholz noch sehr viel Holz für ihre Schmelzöfen brauchten.

Vom Holz lebten auch die **Schnefler** (Schnitzer) und **Uhrenmacher**, von denen es heute noch zahlreiche Handwerks- und Familienbetriebe gibt. Die Glas- und Uhrenträger, die einst die kostbaren Produkte aus dem Wald hinunter in die weite Welt trugen, sind allerdings längst durch LKW ersetzt.

Die feinmechanische Heimindustrie, die sich schon im 16./17. Jahrhundert entwickelt hatte, bildete die Grundlage für die spätere exportorientierte Industrialisierung.

Im 20. Jh. wurde dann der **Fremdenverkehr** Wirtschaftsfaktor Nummer eins der Region. Er war ursprünglich an Thermen und Mineralquellen gebunden, doch das änderte sich mit der steigenden Mobilität der Besucher. So ist der Schwarzwald mit ca. 6 Mio. Besuchern jährlich heute das mit Abstand beliebteste Ferien-Mittelgebirge Deutschlands. Diese Entwicklung hat sicherlich viel Fragwürdiges hervorgebracht, aber sie hat einem ehemals armen Gebiet breiten Wohlstand beschert.

Geschichte auf einen Blick

ab 800 v. Chr.
Erste keltische Siedlungen an den Randgebieten des Schwarzwalds, z.B. Zarten (Tarodunon) bei Freiburg.

ab 58 v. Chr.
Die römischen Truppen besiegen die Kelten und dringen langsam ins Oberrheintal und in den Schwarzwald vor.

1. Jahrhundert n. Chr.
Römische Siedlungen wie Baden-Baden, Badenweiler, Pforzheim und Rottweil werden gegründet.

73/74 n. Chr.
Die römische Heerstraße durchs Kinzigtal sowie der »Limes«, der römische Schutzwall gegen die Germanen, werden angelegt.

259/260
Germanische Alemannen durchbrechen den Limes und drängen die Römer bis an den Bodensee zurück.

496
Die Franken unter Chlodwig besiegen in der Schlacht bei Zülpich die Alemannen. Das Gebiet nördlich der Linie Hornisgrinde – Enzklösterle gerät in fränkische Herrschaft, die Bereiche im Süden gehören zum alemannischen Herzogtum.

536
Die Alemannen verlieren ihren letzten Stützpunkt im Schwarzwald.

ab 643
Mit St. Trudpert entsteht das erste rechtsrheinische Kloster. In der Folgezeit entstehen auch Mönchszellen oder kleine Klöster in Ettenheimmünster (um 700), Gengenbach (um 725), Schuttern (um 750) und Hirsau (um 830).

ab 1000
Langsamer Beginn der Besiedelung der Höhenzüge des Schwarzwalds.

1101
Erste urkundliche Erwähnung der Stadt Offenburg.

1120
Gründung der Stadt Freiburg durch die Herzöge von Zähringen.

ab 1200
Beginn des Erz- und Silberbergbaus im Schwarzwald.

1218
Die Dynastie der Zähringer stirbt aus.

1268
Untergang der Staufer. Der Südwesten Deutschlands fällt in über 200 kleine Herrschaftsbereiche.

1347–1350
Pest in Europa. Die Besiedelung verlangsamt sich spürbar.

1457
Gründung der Universität Freiburg.

1513
Empörte Bauern schließen sich zur von Jos Fritz geführten Bundschuh-Verschwörung zusammen.

um 1525
Die Reformation führt zu einer weiteren territorialen und konfessionellen Zersplitterung. Das immer noch mehrheitlich katholische Gebiet weist nun kleine protestantische Flecken auf, woran sich bis heute nichts Wesentliches geändert hat.

1599
Gründung von Freudenstadt.

1618–1648
Der Dreißigjährige Krieg zieht viele Schwarzwaldgemeinden in Mitleidenschaft.

ab 17. Jh.
Im Nordschwarzwald beginnt das Waldgewerbe, es entstehen kleine Holzhauer- und Tagelöhnersiedlungen. Schwarzwaldholz wird bis nach Holland verkauft, die Flößerei erlangt große Bedeutung. Außerdem entstehen immer mehr Textil- und Glasmanufakturen. Aus häuslich-handwerklichen Anfängen entwickelt sich eine Uhrenindustrie.

1715
Markgraf Karl Wilhelm von Baden-Durlach gründet Karlsruhe als neue Residenz- und Hauptstadt.

1720–1755
In den »Salpetererkriegen« wehren sich die Hotzenwälder gegen den Versuch des Klosters St. Blasien, sie zu Leibeigenen zu machen. Die Kämpfe enden erst mit der Verbannung von 112 aufständischen Salpeterern nach Ungarn durch Maria Theresia.

um 1730
Franz Anton Ketterer aus Schönwald konstruiert die ersten Kuckucksuhren.

1803
Die Klöster werden im Reichsdeputationshauptschluß aufgelöst.

1805/1806
Durch die napoleonische Gebietsreform entstehen das Großherzogtum Baden und das Königreich Württemberg. Umwandlung in modernen Einheitsstaat.

1827
Bildung der Erzdiözese Freiburg.

1848/1849
Badische Revolution unter Anführung von Hecker und Struve.

1873
Einweihung der Schwarzwaldbahnstrecke Offenburg-Donaueschingen.

1887
Höllentalbahn von Freiburg nach Neustadt, 1901 bis Donaueschingen verlängert.

1918
Der Freistaat Baden und das Land Württemberg werden demokratische Republiken.

1939 – 1945
Im Zweiten Weltkrieg werden Bunkeranlagen (»Westwall«) gebaut und viele Städte des Schwarzwalds zerstört.

1952
Zusammenschluß der Länder Baden, Württemberg-Baden und Württemberg-Hohenzollern zum Bundesland Baden-Württemberg.

1971–1974
Eine Verwaltungs- und Gebietsreform gliedert alle Schwarzwaldkreise neu.

1994
Erster Spatenstich für die umstrittene Ost-West-Verbindung B 31 zwischen Freiburg und Donaueschingen.

1996
Seit 1996 wird Baden-Württemberg von der Koalition CDU/FDP regiert.

1998
Eröffnung des Festspielhauses in Baden-Baden.

A

Apfelküchle: Apfelscheiben, in Pfannkuchenteig getaucht und dann in Schmalz ausgebacken

B

Bibiliskäs: Kräuterquark
Brägele: Bratkartoffeln
Buabaspitzle: → Schupfnudeln

F

Fasnetsküchle: rautenförmige Hefeküchlein, im schwimmenden Fett ausgebacken und mit Puderzucker bestreut
Flammkuchen: dünner Sauerteigboden, belegt mit einer Schicht aus Rahm und Speckwürfeln und im Ofen gebacken

H

Holunderküchle: Holunderblüten, in Teig getaucht und in Fett ausgebacken

K

Kässpätzle: Spätzle, Zwiebeln und Käse schichtweise angeordnet
Knöpfle: → Spätzle

M

Maultaschen: Nudelteigtaschen mit Spinat-Hackfleisch-Füllung

S

Schäufele: geräucherte Schweineschulter
Schnitz mit Speck: Äpfel mit Speck gekocht
Schupfnudeln: sehr trockener fester Teig wird »geschupft«, d. h. in Streifen geschnitten und von Hand gerollt, anschließend in Salzwasser gekocht und dann angebraten
Spätzle: ein Teig aus Mehl, Eiern und Salz wird in kleinen »Würstchen« in kochendes Salzwasser geschabt

Z

Zwiebelkuchen: gedämpfte Zwiebeln werden mit Rahm, Eiern und manchmal auch Speck vermischt und anschließend auf einem Brotteig gebacken

Das Backhandwerk hat im Schwarzwald Tradition.

Weingut Freiherr von und zu Franckenstein ■ C 4
Weingartenstr. 66
77654 Offenburg
Tel. 07 81/3 49 73
Mo–Fr 9–12 und 14–18,
Sa 9–13 Uhr

Weingut Männle ■ C 4
Sendelbach 16
77770 Durbach
Tel. 0 78 1/4 11 01
Mo–Fr 8–18 Uhr oder nach Vereinbarung

Breisgau und Kaiserstuhl

Privat-Sektkellerei Geldermann ■ A 7
Am Schloßberg 1
79206 Breisach
Tel. 0 76 67/83 40
Mo–Fr 8–12 und 13.30–17 Uhr

Weingut Dr. Heger ■ A 7/B 7
Bachenstr. 19
79241 Ihringen
Tel. 0 76 68/2 05
Mo–Fr 9.30–12 und 13–17,
Sa 10–13 Uhr

Weingut Hohner ■ A 7
Sinnweg
79235 Vogtsburg-Bischoffingen
Tel. 0 76 62/60 41
nach Vereinbarung

Weingut Schwarzer Adler ■ A 7
Badbergstr. 23
79235 Vogtsburg-Oberbergen
Tel. 0 76 62/93 30 93
Mo–Fr 8–17, Sa 8–13 Uhr

Weingut Sonnenbrunnen ■ B 7
Weine aus biologischem Anbau
Unterdorf 30
79112 Freiburg-Opfingen
Tel. 0 76 64/5 92 73
nach Vereinbarung

Markgräflerland

Weingut Dörflinger ■ A 9
Mühlenstr. 7
79379 Müllheim
Tel. 0 76 31/22 07
Mo–Fr 8–18, Sa 9–14 Uhr

Weingut Schlumberger ■ B 9
Weinstr. 19
79925 Laufen
Tel. 0 76 34/89 92
Mo–Fr 8–12 und 14–18,
Sa 14–16 Uhr

Klimatisch verwöhnt, auf der Sonnenseite des Schwarzwalds, reifen die Trauben der Badischen Weine.

Hier finden Sie die in diesem Band beschriebenen Orte und Ausflugsziele. Außerdem enthält das Register wichtige Personen, Stichworte sowie alle Tips dieses Reiseführers. Wird ein Begriff mehrfach aufgeführt, verweist die **fett** gedruckte Zahl auf die Hauptnennung. Die **Buchstaben-Zahlen-Kombinationen** verweisen auf die Karten.

Die ganze Welt von MERIAN.

Europas großes Magazin für Reise und Kultur
112 lieferbare Titel, 14,80 DM

Der erste Reiseführer für Auto-Navigations-systeme
5 lieferbare Titel, ab 248,– DM

Erlebnis-Reiseführer extra-large
19 lieferbare Titel, 39,80 DM

Die neue Generation der Kulturreiseführer
10 lieferbare Titel, 19,80 DM

Der handliche Pocket-Reiseführer
152 lieferbare Titel, 14,90 DM

MERIAN
Die Lust am Reisen.

Liebe Leserinnen und Leser,

wir freuen uns, Ihre Meinung zu diesem Reiseführer zu erfahren. Bitte schreiben Sie uns, wenn Sie Berichtigungen und Ergänzungsvorschläge haben oder wenn Ihnen etwas besonders gut gefällt:

Gräfe und Unzer Verlag, Reiseredaktion, Postfach 86 03 66, 81630 München,
Grillparzerstraße 12, 81675 München

Alle Angaben in diesem Reiseführer sind gewissenhaft geprüft. Preise, Öffnungszeiten usw. können sich aber schnell ändern. Für eventuelle Fehler übernimmt der Verlag keine Haftung.

Redaktion: Christa Botar,
Dirk Wagner
Bildredaktion: Martina Gorgas
Kartenredaktion:
Reinhard Piontkowski

Gestaltung: Ludwig Kaiser
Umschlagfoto: P. Spierenburg,
Frauen in Schwarzwälder Tracht
Karten: Kartographie Huber
Produktion: Helmut Giersberg
Satz: Filmsatz Schröter, München
Druck und Bindung: Appl, Wemding
ISBN 3-7742-0639-2

Fotos: J. Bieker 2/3, 9, 15, 41, 43, 44, 48, 64, 70, 87, 89, 99, 106, 109, 117; U. Haafke 27, 65, 69, 73; O. Heinze 50, 51, 61; G. Jung 24, 55; laif/P. Brialobrzeski 10, 36, 79; K.-H. Raach 7, 22, 28, 29, 33, 39, 45, 47, 59, 68, 80, 83, 85, 90, 94, 113; U. Romeis 6, 31, 56, 67, 74, 96, 101, 102, 122; P. Spierenburg 16, 18, 21, 35, 75, 111, 123

Dieses Buch wurde auf chlorfrei gebleichtem Papier gedruckt.

1. Auflage 1999
© Gräfe und Unzer Verlag GmbH, München

Alle Rechte vorbehalten. Nachdruck, auch auszugsweise, sowie Verbreitung durch Film, Funk und Fernsehen, durch fotomechanische Wiedergabe, Tonträger und Datenverarbeitungssysteme jeglicher Art nur mit schriftlicher Genehmigung des Verlages.

MERIAN scout
Der erste Reiseführer für Auto-Navigationssysteme.

Hotline 0180/532 533 5

MERIAN scout